세균과 바이러스 꼼짝마!

약과 백신

세균과 바이러스 꼼짝마!
약과 백신

1판 3쇄 발행 2025년 3월 18일

글쓴이 백은영
그린이 허구

편집 이용혁 이정희
디자인 문지현 오나경

펴낸이 이경민
펴낸곳 ㈜동아엠앤비
출판등록 2014년 3월 28일(제25100-2014-000025호)
주소 (03972) 서울특별시 마포구 월드컵북로22길 21, 2층
전화 (편집) 02-392-6901 (마케팅) 02-392-6900
팩스 02-392-6902
전자우편 damnb0401@naver.com
SNS

ISBN 979-11-6363-309-9 (74400)

※ 책 가격은 뒤표지에 있습니다.
※ 잘못된 책은 구입한 곳에서 바꿔 드립니다.
※ 이 책에 실린 사진은 위키피디아, 셔터스톡에서 제공받았습니다.

뭉치 MoongChi Books
도서출판 뭉치는 ㈜동아엠앤비의 어린이 출판 브랜드로, 아이들의 지식을 단단하게 만들어 주고, 아이들의 창의력과 사고력을 키워 주어 우리 자녀들이 융합형 사고뭉치와 창의뭉치로 성장할 수 있도록 좋은 책을 만들겠습니다.

호랑이약국
세균과 바이러스 꼼짝마!
약과 백신
글쓴이 백은영 그린이 허구
약과 백신만 있으면
우리 몸은 안전할까?
뭉치
MoongChi Books

펴내는 글

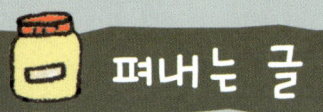

세균과 바이러스는 어떻게 다를까?
약과 백신을 효과적으로 이용하는 방법은 무엇일까?

선생님의 질문에 교실은 일순간 조용해지기 시작합니다. 인내심이 한계에 다다른 선생님께서 콕 집어 누군가의 이름을 부르는 순간 내가 걸리지 않았다는 안도감에 금세 평온을 되찾지요. 많은 사람 앞에서 어떻게 말을 해야 할까 고민 한 번 해 보지 않은 사람은 없을 겁니다.

사람들 앞에서 자신의 생각을 조리 있게 전달하는 기술은 국어 수업 시간에만 필요한 것이 아닙니다. 학교 교실뿐만 아니라 상급 학교 면접 자리 또는 성인이 된 후 회의에서도 자신의 의견을 분명히 표현할 수 있어야 합니다. 하지만 어디서부터 시작해야 할지 몰라 입을 떼는 일이 쉽지 않습니다. 혀끝에서 맴돌다 삼켜 버리는 일도 종종 있습니다. 얼떨결에 한마디 말을 하게 되더라도 뭔가 부족한 설명에 왠지 아쉬움이 들 때도 많습니다.

논리적 사고 과정과 순발력까지 필요로 하는 토론장에서 자신만의 목소리를 내려면 풍부한 배경지식은 기본입니다. 게다가 고학년으로 올라가서 배우는 수업과 진학 시험에서의 논술은 교과서 속의 내용만을 요구하지 않습니다. 또한 상대의 의견을 받아들이거나 비판하기 위해서도 의견의 타당성과 높은 수준의 가치 판단을 해야 하는 경우가 많은데, 자신의 입장을 분명히 하기 위해선 풍부한 자료와 논거가 필요합니다.

토론왕 시리즈는 우리 주변에서 일어나는 다양한 사건과 시사 상식 그리고 해마다 반복되는 화젯거리 등을 초등학교 수준에서 학습하고 자신의 말로 표현할 수 있도록 기획되었습니다. 체계적이고 널리 인정받은 여러 콘텐츠를 수집해 정리하였고, 전문 작가들이 학생들의 발달 상황에 맞게 스토리를 구성하였습니다. 개별적으로 만들어진 교과서에서는 접할 수 없는 구성으로 주제와 내용을 엮어 어린 독자들이 과학적 사고뿐만 아니라 문제 해결력, 비판적 사고력을 두루 경험할 수 있도록 하였습니다. 폭넓은 정보를 서로 연결 지어 설명함으로써 교과별로 조각나 있는 지식을 엮어 배경지식을 보다 탄탄하게 만들어 줍니다. 뿐만 아니라 국어를 기본으로 과학에서부터 역사, 지리, 사회, 예술에 이르기까지 상식과 사회에 대한 감각을 익히고 세상을 올바르게 바라보는 눈도 갖게 할 것입니다.

『세균과 바이러스 꼼짝마! 약과 백신』은 버스도 잘 다니지 않는 두메산골의 보건소에 파견된 잘고쳐 의사 선생님과 동물들이 주인공으로 나옵니다. 잘고쳐 선생님은 동물들이라고 진료를 마다하거나 꺼리지 않고 호랑이를 비롯하여 질병에 걸린 동물들을 정성껏 치료해 줍니다. 또 이 과정에서 호랑이에게 세균과 바이러스의 특징과 처음 발견한 사람들, 약과 백신을 어떻게 만들었고 그로 인한 영향은 무엇인지 등에 대해 자세하게 설명해 줍니다. 이 책을 읽은 어린이 독자들이 약과 백신에 관해 정확한 정보를 얻고 관련 주제의 토론에서 자신 있게 말할 수 있다면 더 없이 소중한 시간이 될 것입니다.

편집부

차례

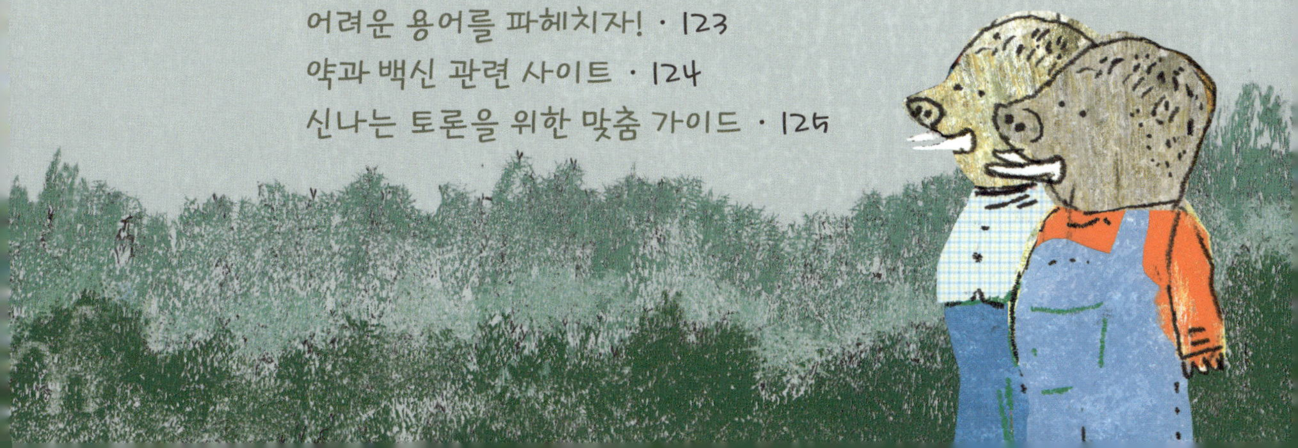

배 아픈 호랑이가
어흥
할머니, 이제 좀 괜찮으시죠?
여긴 깊은 숲속이라
바람이 차니 목도리를
꼭 두르세요.
착한 의사가 와 줘서 다행이야.
몸조리 잘하세요.
잘 가게. 호랑이 조심하고.
우리나라에서 가장
험한 두메산골이라더니
해도 빨리 지는군.
스-사-삭

아이고, 배야.
아이고, 나 죽네. 죽어.
얼마나 아픈지 증상을 좀 말해 주시죠.
당신은 누구요?
무슨 병이든 잘 고치는 잘고쳐입니다….
잘고쳐? 여기 명치가 쿡쿡 쑤시고 속이 답답해.
체했군요. 약을 드셔야겠군요.
일단 드셔 보시죠.
생수
어라? 이제 안 아프네! 신기하군!
꿀꺽
생수

호랑이약국

1장

약 하나 주면 안 잡아먹지!

- 약이 하는 일

약이란 놈이 대체 무엇이냐?

버스조차 다니지 않는 깊고 깊은 숲속에 있는 외딴 시골 마을, 잘고쳐 선생님은 번쩍거리는 노란색 눈동자를 지닌 호랑이와 마주보며 숨을 들이켰어요. 요리 보고 저리 보고 다시 봐도 분명히 호랑이예요.

'우리나라에서 야생 호랑이는 멸종했을 텐데. 게다가 말을 하네? 호랑이가 신령스러운 동물이라는 말은 들었지만…….'

갑자기 식은땀이 줄줄 흐르며 이곳에서 40분을 걸어가야 있는 보건소가 떠올랐어요. 보건소란 나라에서 국민들의 건강을 보살피기 위해 세우는 의료 기관인데 특히나 이곳 같은 두메산골에서는 병원을 대신한답니다. 바로 그 보건소에 잘고쳐 의사 선생님이 파견된 건 일주일 전

이에요. 보건소는 산 어귀에 떡하니 세워진 2층 건물로 아주 튼튼하게 만들어졌지요. 그러니 쏙 들어가 숨으면 딱 좋을 것 같은데 멀어도 너무 멀어요.

“이봐. 내 배를 낫게 해준 이 신통방통한 ‘약’이란 놈이 대체 뭐냐니까?”

빤히 바라보고 있던 호랑이가 답답한지 우렁우렁한 목소리로 다시 물었어요. 잘고쳐 선생님은 깜짝 놀라 얼른 대답했어요.

"약이란 먹었을 때 아픈 몸을 건강하게 만들거나 또는 아프지 않도록 예방해 주는 물질을 뜻합니다. 지금 증상을 들어 보니 음식물이 소화가 되지 못하고 위에 남아 있어서 아픈 거거든요. 지금 드신 소화제가 소화액을 분비하게 만들어 고통을 없앤 겁니다."

그러자 호랑이가 고개를 갸우뚱거렸어요.

"어째 듣자하니 여우 아줌마가 풀 달인 물을 건네주며 하는 말이랑 비슷하네."

"풀 달인 물이라면 아무래도 한약인가 보군요."

"한약? 그 물이 약이라고? 거짓말! 네가 건넨 약이란 놈은 내 손톱만 한 크기였잖아. 여우 아줌마가 건넨 물은 한 바가지라고. 게다가 쓰고 맛없어."

잘고쳐 선생님의 **약 노트**

쉽게 따라할 수 있는 한방의 지혜

한약은 구하기 어려운 약재를 이용해 만드는 약도 있지만 우리가 흔하게 보는 재료를 이용하는 것도 많아요. 감기에 걸렸을 때 파 뿌리를 달여 먹으면 알리신이라는 성분이 염증 완화에 도움이 되고, 몸살감기에 걸렸을 때는 칡뿌리를 달여 먹으면 좋아요. 목감기에는 배나 도라지를 달여 먹고, 콧물감기에는 목련 꽃봉오리로 만든 신이차를 마시면 치료 효과가 있어요. 생강차를 자주 마시면 몸이 따뜻해지고 감기를 예방하는 데 도움이 된답니다.

잘고쳐 선생님은 생각만 해도 쓴맛이 올라오는 듯 얼굴을 구기는 호랑이를 바라보다 피식 웃었어요.

"네 이놈! 배 아픈 것도 가라앉았겠다. 먹어 주랴?"

호랑이가 성을 냈어요. 잘고쳐 선생님은 깜짝 놀라 정색을 하고는 얼른 말했어요.

"아니, 그게 아니고 제가 드린 약은 양약입니다. 여우 아줌마라는 분이 드린 건 한약이고요. 둘 다 약이 맞습니다.

다만 한약은 자연에서 나는 여러 가지 약초를 오랜 시간 끓이거나 찌는 방법으로 약효 성분을 우려내 만듭니다. 따라서 만드는 데 시간이 오래 걸리고 약의 양 또한 많습니다.

반면 양약은 자연에서 나는 재료에서 약효 성분만 뽑아서 알약 형태로 작게 만들지요. 그러다보니 양약은 공장에서 대량으로 만들어 낼 수 있고 보존도 오래 할 수 있기 때문에, 간편하게 구할 수 있는 약이 된 거죠. 그래서 제가 이렇게 가방에 들고 다닐 수 있는 거고요."

호랑이는 눈을 끔뻑거리며 귀 기울여 듣는가 싶더니 물었어요.

"약효 성분만 뽑아낸다니? 혹시 약 안에 지도라도 달아 두는 거야? 먹으면 죄다 배 속에 들어가는데 아픈 부위는 다르잖아. 배가 아플 때도 있고, 머리가 아플 때고 있고. 약이 아픈 데를 알아서 찾아가는 건가?"

잘고쳐 선생님은 호랑이가 보기보다 똑똑한 것에 놀라워하며 대답했

어요.

“사실 먹는 양약의 대부분은 녹말로 만들어져 있고 약효 성분은 아주 조금 들어 있습니다. 알약의 색을 내기 위한 착색료와 오랫동안 상하지 않도록 만들기 위한 보존제 같은 첨가물이 들어 있죠.”

잘고쳐 선생님의 약 노트

양약의 종류

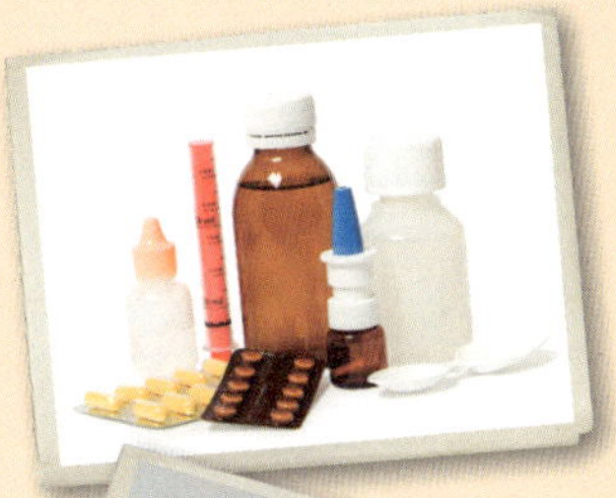

먹는 약

알약, 캡슐 약, 가루약, 시럽은 모두 입으로 먹는 약이에요. 내복약이라고도 해요.

외용약

연고나 파스처럼 피부에 붙이거나 바르는 약, 눈에 넣는 약(안약), 코에 뿌리는 약(점비약), 항문에 넣는 약(좌약) 등을 말해요.

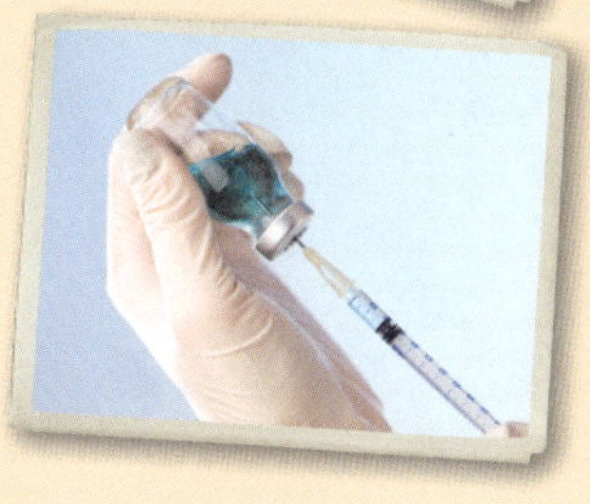

주사약

주사기를 이용해 몸 안의 조직이나 근육, 혈관 속에 직접 넣는 액체 약물이에요.

그러고는 이렇게 덧붙였어요.

"제 몸도 그렇고 호랑이님의 몸도 그렇고 단백질, 탄수화물, 지방질, 비타민과 무기 염류같은 영양 성분이 잘 어우러져야 건강한데, 만약 이 조합이 파괴되면 아프게 됩니다.

특히 단백질은 우리 몸 곳곳에 쓰이기 때문에 아주 중요하죠. 우리 몸을 지탱하게 만드는 뼈와 근육, 혈액을 돌게 만드는 심장과 각종 장기들이 잘 움직이도록 만드는 호르몬도 모두 단백질로 이루어져 있거든요. 무려 10만 종에 이르는 단백질이 우리 몸 곳곳에서 맹활약을 펼치고 있지요. 그렇기 때문에 양약의 대부분은 우리 몸 안의 단백질 효소에 달라붙어 효과를 발휘하도록 만들어져 있답니다. 신기하죠?"

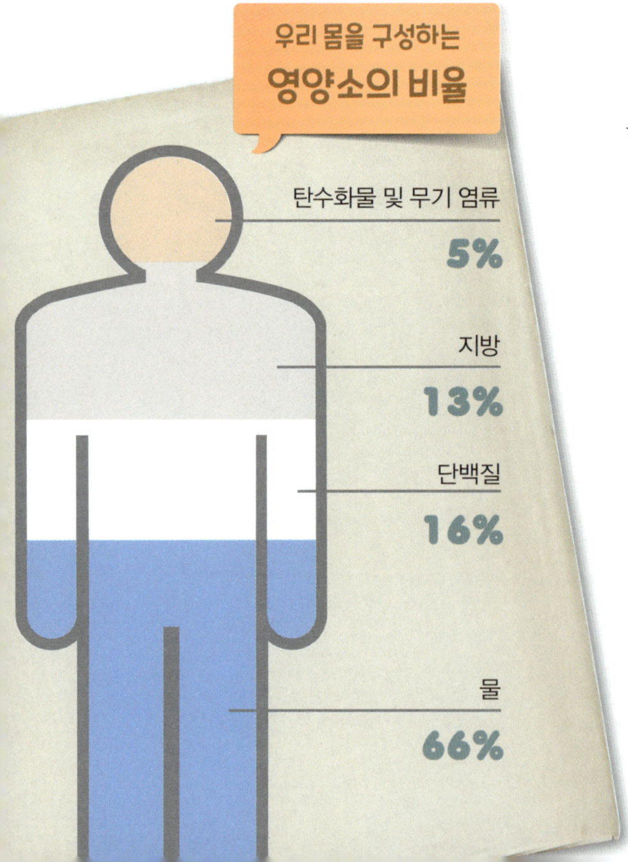

그러자 호랑이가 말했어요.

"단백질! 나 그거 알아. 내가 가장 좋아하는 거거든. 쫄깃쫄깃한 고기의 주성분이 바로 단백질이잖아. 가장 맛있는 심장도 그렇고."

그러면서 침을 질질 흘리는 호랑이의 이가 번쩍 빛났어요. 잘고쳐 선생님은 정신이 번쩍 들어 뒷걸음질을 쳤어요.

"잘 아시네요. 맞습니다. 그럼 전 이만……."

"응? 가려고? 나랑 더 놀다 가지?"

호랑이가 입맛을 다시며 성큼 다가왔어요. 잘고쳐 선생님은 걸음아 날 살려라 부리나케 도망쳤지요. 다행히 호랑이는 쫓아오지 않았어요. 그저 뒤에 우뚝 선 채 쩝쩝거리며 중얼거렸을 뿐이었죠.

"슬쩍 한 입만 먹어 보려 했더니 눈치챘나 보네."

약은 어떻게 아픈 곳만 치료할까?

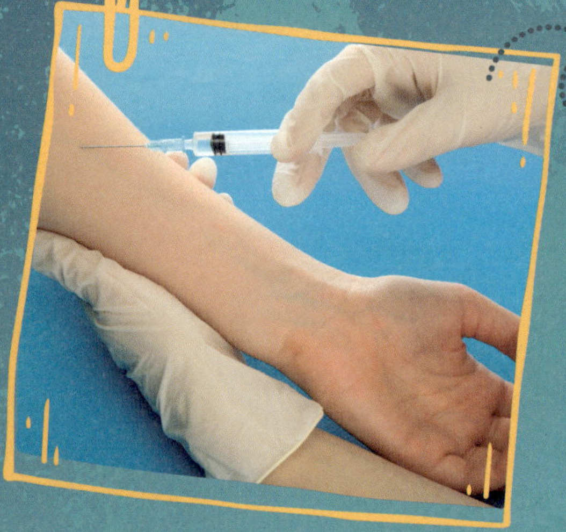

주사기로 정맥에 직접 약을 주입하면 단숨에 몸 전체에 약물이 흡수돼요. 대신 약효 지속 시간이 짧아요.

붙이는 약은 혈관 중 가장 가느다란 모세혈관을 통해 흡수되어 퍼져 나가요.
이 때문에 오랜 시간 동안 약효가 지속돼요.

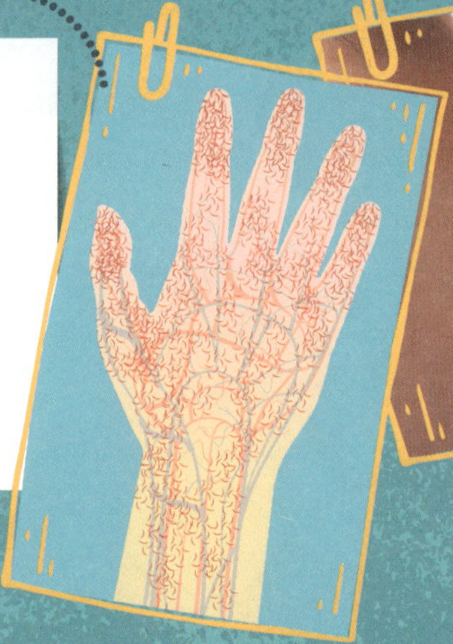

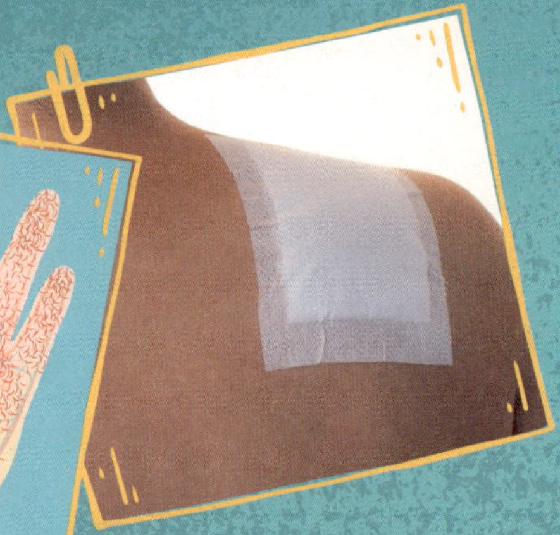

손목을 들여다보면 보이는
파란 혈관이 바로 정맥입니다.

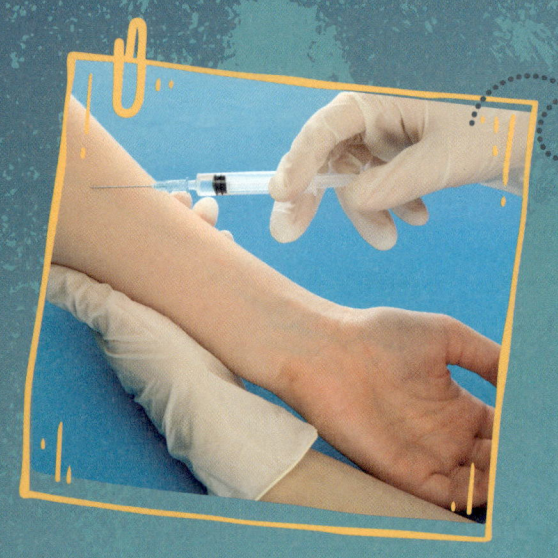

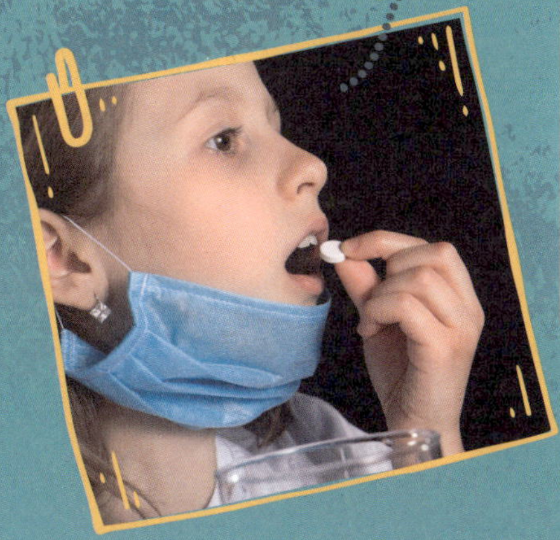

가장 흔히 먹는 알약은 입으로
들어간 다음 음식처럼 소화와
배설 과정을 거쳐요.

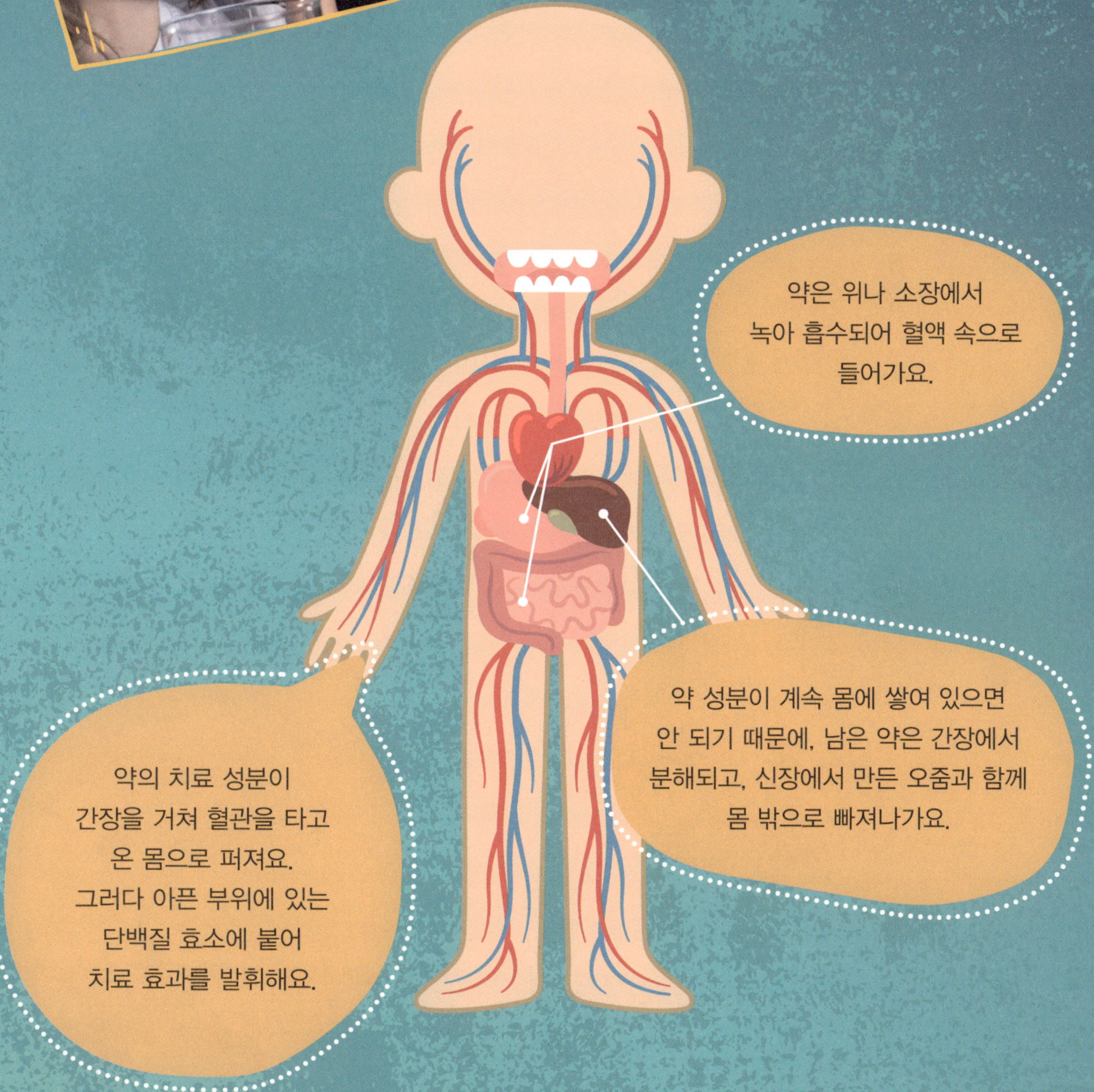

약은 위나 소장에서 녹아 흡수되어 혈액 속으로 들어가요.
약 성분이 계속 몸에 쌓여 있으면 안 되기 때문에, 남은 약은 간장에서 분해되고, 신장에서 만든 오줌과 함께 몸 밖으로 빠져나가요.
약의 치료 성분이 간장을 거쳐 혈관을 타고 온 몸으로 퍼져요. 그러다 아픈 부위에 있는 단백질 효소에 붙어 치료 효과를 발휘해요.

사람인 척하는 동물, 약인 척하는 독?

바람이 솔솔 부는 초여름의 화창한 오후, 잘고쳐 선생님은 보건소에서 20분을 걸어가야 있는 마을로 왕진을 떠났어요. 이 주변에는 병원도 약국도 없다보니 아파도 그냥 참고 넘어가는 경우가 많다고 들었거든요.

부디 심하게 아픈 사람이 없기를 바라며 도착하고 보니 달랑 다섯 채의 집이 모여 있는 정말 작은 마을이었어요.

그곳에는 재미나게도 머리에 두른 두건 아래로 산양 뿔이 얼핏 보이는 할머니를 비롯해, 늑대 꼬리가 엉덩이에 떡하니 달린 아저씨와 노루처럼 발굽 모양을 한 손을 가진 아줌마, 그리고 멧돼지 엄니가 달린 쌍둥이 남자아이들이 살고 있었답니다.

잘고쳐 선생님은 해맑게 웃고 있는 그들을 바라보며 속으로 중얼거렸어요.

'아무래도 동물들이 사람인 척하고 살고 있는 게 분명해. 하긴 이런 동물들이 아직 살아 있다고 소문이 나면 당장 밀렵꾼들이 몰려들어 죽이려 들 거야.'

그러니 계속 모른 척해야겠다 다짐하며 잘고쳐 선생님은 그들에게 평소 아픈 데가 있는지, 매일 먹는 약이 있는지 물어 보았지요.

그랬더니 산양 할머니는 매일 고혈압 약을 먹는다고 했고 노루 아줌마는 천식이 있어 기관지 약을 먹는다고 대답했어요. 잘고쳐 선생님은 수첩에 꼼꼼하게 받아 적고는 주의 사항을 일러 주었지요.

따뜻한 배웅을 받으며 작은 마을을 나선 잘고쳐 선생님은 보건소로 향하는 오솔길로 들어섰어요. 해가 지기 전에 돌아가야겠다고 걸음을 빨리 하는데 불쑥 호랑이가 뛰어나왔어요.

"약 하나 주면 안 잡아먹지!"

잘고쳐 선생님은 우뚝 멈춰 서선 눈을 끔뻑였어요.

"호랑이님. 오늘도 배가 아프신 건가요?"

"아니. 하나도 안 아파. 아픈 데는 없어."

"아프지도 않은 데 약을 먹으면 도리어 독이 됩니다."

"거짓말! 여우 아줌마가 그러던데? 영양제라는 약을 먹으면 힘도 불끈 솟고 밤에 잠도 잘 온다고. 그러니까 그거 내놔."

호랑이가 으르렁거리며 날카로운 발톱이 번쩍이는 앞발을 내밀었어

함께 먹으면 부작용이 있는 식품과 약

자몽

자몽, 바나나 + 고혈압 약

고혈압 약에는 칼륨 배출을 억제하는 성분이 들어 있는데 자몽 같은 산성 과일과 바나나처럼 칼륨 함유량이 많은 식품을 많이 먹게 되면 몸 안에 칼륨 농도가 확 높아져 근육에 힘이 빠지고 오한이나 구토, 설사 등의 부작용이 나타날 수 있어요.

삶은 콩을 넣은 음식

삶은 콩 + 항응고 약

항응고약은 피가 굳지 않도록 만들어 주는 약인데, 청국장처럼 삶은 콩을 이용한 식품을 많이 먹으면 약의 효과가 떨어지고 부작용이 생길 수 있어요. 이런 식품에는 혈액 응고를 촉진시키는 비타민K 성분이 많이 들어 있기 때문이에요.

카페인이 많이 들어 있는 커피와 초콜릿

커피, 초콜릿 + 감기약

감기약이나 진통제에는 카페인 성분이 들어 있는 것이 많아요. 초콜릿이나 커피 등 카페인이 많이 들어 있는 식품과 함께 먹게 되면 메스꺼움, 불안, 가슴 두근거림 등의 부작용이 나타날 수 있어요.

요. 잘고쳐 선생님은 마른 침을 꼴깍 삼키고는 말했어요.

"호랑이님. 영양제는 약이 아니라 건강 기능 식품이에요. 그게 정확한 명칭이죠. 가장 유명한 것이 비타민만 뽑아서 만든 영양제인데 너무 먹으면 독이 됩니다."

"쳇! 날 바보로 아는 거냐! 독이란 건 독버섯에 들어 있는 거잖아. 왜 뜬금없이 독이 된다는 거야?"

"약과 독은 동전의 양면과도 같습니다. 약이 독이 되기도 하고 독이 약이 되기도 하거든요."

호랑이는 믿을 수 없다는 듯 왕방울만 한 눈을 부릅떴어요.

잘고쳐 선생님은 얼른 덧붙였어요.

"혹시 독도마뱀이라고 아십니까?"

"알지. 더운 곳에서 사는 성격이 까칠한 녀석이잖아. 이 마을에 놀러 온 적도 있는 걸."

"다음에 오면 물어 보세요. 그 친구의 독으로 당뇨병 치료제를 개발해 냈거든요."

잘고쳐 선생님의 말에 호랑이는 부러워 죽겠다는 얼굴로 이를 북북 갈더니 문득 떠오른 듯 외쳤어요.

"맞다! 나도 독이 있어!"

잘고쳐 선생님이 처음 듣는다는 듯 고개를 갸웃거리자 호랑이가 씩,

웃으며 말을 이었어요.

"내 방귀. 한 번 뀌면 죄다 도망가거든. 여우 아줌마가 독방귀라고 그러더라고. 한번 맡아 볼래? 약으로 쓸 만한지?"

잘고쳐 선생님은 뒤도 안 돌아보고 그대로 줄행랑을 쳤답니다.

독 성분을 이용해서 약을 만들었다고?

아메리카 독도마뱀의 독

독도마뱀에게 물리면 피 속 포도당의 양이 확 줄어들어서 죽게 된답니다. 그런데 2005년 미국에서 '아메리카 독도마뱀'이 가지고 있는 독으로 당뇨병 치료제로 쓰이는 약을 만들었어요.

청자고둥의 독

'청자고둥'은 열대 바다의 모래나 바위 또는 산호초에서 살아요. 바다를 누비는 스쿠버 다이버들이 가장 무서워하는 바다 생물로, 청자고둥에게 쏘이면 신경이 마비되거나 심하면 심장이 마비돼 죽을 수 있어요. 인도에서는 청자고둥의 독을 이용해 진통제와 마취제 개발이 한창이에요.

마전과 식물의 독

남미 원주민들은 마전과 식물의 껍질이나 뿌리를 오랜 시간 달여 '쿠라레'라 부르는 흑색의 액을 만들어요. 뱀 코브라의 독보다 25배나 강한 독성이 들어 있지만 근육의 통증이나 피부의 염증을 치료하는 약으로 쓰여요. 이를 응용해 근육이 아플 때 쓰는 근육 이완제를 개발했어요.

블랙 맘바의 독

아프리카에서 살며 세상에서 가장 빠른 뱀 중 하나인 '블랙 맘바'가 한 번에 뿜어내는 독의 양은 어른 10명을 죽일 수 있을 만큼 강력해요. 프랑스의 의학 연구진이 이 독에서 강력한 진통제 '맘발긴'을 분리하는데 성공했어요.

머스타드 가스의 독

제1차 세계 대전 당시 개발된 화학 무기예요. 독가스 중 하나인 '머스타드 가스'는 사람이 들이켜면 수포가 생기고 질식하게 만들 뿐 아니라, 살아남는다 해도 유전자에 상처를 내 암을 일으켜요. 그런데 이 가스를 연구하던 미국의 학자가 가스의 독을 이용해 백혈병과 혈액암을 치료하는 약으로 개발했어요.

보툴리누스균의 독

'보툴리누스균'은 사람에게 해로운 대표적인 세균으로 죽음에 이를 수 있는 식중독을 일으켜요. 땅속이나 바닷가의 개흙, 호수 바닥에 깔려 있는 침전물에서 나오는데, 상한 통조림이나 소시지에서도 발생해요. 그런데 이 균을 아주 묽게 희석해 만든 '보톡스'를 얼굴 주름에 주사하면 피부가 팽팽해진답니다.

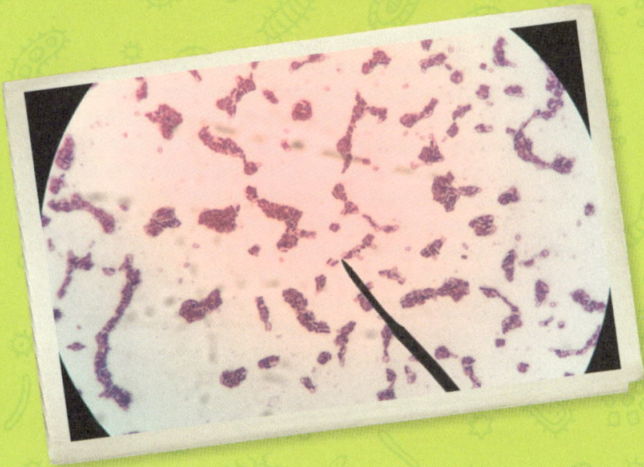

토론왕 되기!

편의점에서 살 수 있는 약, 어느 정도까지 허용해야 하는가?

요즘은 편의점에서도 약국에서 파는 약들을 살 수 있습니다. 물론 모든 약을 살 수 있는 것은 아닙니다. 진통 해열제, 감기약, 소화제, 파스와 같은 일부 품목에만 한정되어 있습니다. 그런데 약의 종류를 더 늘려야 한다는 요구가 많아지고 있습니다.

약에는 의사들이 처방해야 될 전문 의약품과 감기약이나 소화제, 지사제와 같이 부작용이 별로 없어서 누구나 쉽게 구입할 수 있는 상비약이 있습니다. 이 중 편의점에서 팔고 있는 것은 상비약이에요.

	정의	판매 방법	종류
전문 의약품	일반 의약품이 아닌 의약품	의사의 처방에 따라 약사가 조제 판매	고혈압, 항암제 등 2만 1000개 품목
일반 의약품	의사의 처방없이 사용되더라도 안전 유효성을 기대할 수 있는 의약품	약국에서 판매	해열제, 파스 등 1만 7000개 품목
일반외품	인체에 작용이 약하거나 인체에게 직접 작용하지 않는 약품	판매처 제한 없음	붕대, 소독약 등 1만 7000개 품목

그런데 외국에서는 대형 마트에서 수만 종류의 상비약을 팔고 있고 가까운 일본만 하더라도 수천 종류의 상비약을 이미 슈퍼에서 판매를 하고 있습니다. 수십 년 동안 부작용이 별로 없고 일상생활에서 자주 찾는 약들을 선별해서 급할 때 쓸 수 있도록 폭넓게 보급하고 있는 거예요.

약에는 마약이나 항암제같이 부작용이 아주 심한 약이 있는 반면에 파스나 소화제같이 부작용이 상대적으로 적은 약들이 있습니다. 이와 같은 약에 대해서는 편의점이나 마트에서 판매를 해도 문제점이 별로 없다고 판단하여 2012년부터 우리나라에서도 상비약 판매 제도가 도입되었어요.

그런데 만약 한 알만 먹어도 될 약을 두 알, 세 알씩 과다 복용하게 되면 부작용이 생길 수 있어요. 또 의사의 처방을 받지 않은 약을 먹는 것이 문제가 될 수도 있으므로 무한정으로 약의 종류를 늘릴 수는 없다고 합니다. 또한 약이 인체에 미치는 영향이 크다는 특수성이 무시되고 일반 식품 먹는 것처럼 약에 무감각해지는 것에 대한 우려가 있다고도 합니다. 안전 상비약 제도 도입 후 의약품 부작용이 크게 늘어난 것도 이 때문이라고 생각하는 것입니다.

생활의 편리함을 우선으로 할 것인가, 아니면 조금 불편하더라도 안전하게 약을 복용할 것인가? 이 두 가지 문제의 관련성을 생각하면서 편의점에서 파는 약의 종류를 늘려야 할지 말아야 할지에 대한 생각을 말해 보세요.

미로찾기

다음 동식물의 독이나 세균을 이용해 어떤 약을 만들었을까요?

정답

❶→보톡스 ❷→진통제 ❸→근육 이완제 ❹→진통제와 마취제 ❺→당뇨병 치료제

2장

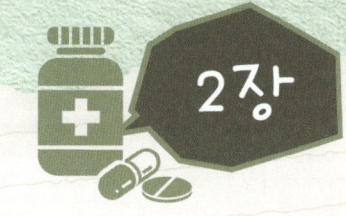

온 사방에 약이 널렸구나!

– 약의 역사

이제 곧 아플 호랑이

잘고쳐 선생님은 오늘도 바빴어요. 보건소 뒷산을 빙 돌아가야 하는 마을에 살고 있는 할아버지가 허리를 삐끗해서 치료를 하러 가야 했거든요. 할아버지는 많이 아플 텐데도 매우 상냥했어요. 잘고쳐 선생님은 할아버지의 허리를 주물러 주면서 턱밑에 달린 가느다란 수염도 못 본 체하고, 자꾸 염소처럼 '메에~' 하고 우는 것도 못 들은 척했지요.

그렇게 치료를 마치고 나오다보니 저만치 수풀 사이에 호랑이 꼬리가 눈에 들어왔어요. 길고 긴 꼬리가 살랑거리는 걸 보니 뭔가를 찾고 있나 봐요.

"호랑이님. 뭔가 잊어버리셨습니까?"

잘고쳐 선생님이 다가서며 묻자 호랑이가 벌떡 일어서더니 심드렁한 얼굴로 대답했어요.

"여우 아줌마가 자작나무 버섯을 따 오라고 해서 그거 찾는 중이야."

"아! 기생충 약으로 쓰려고 하나 보군요."

"뭐? 그 버섯이 약이라고? 말도 안 돼!"

"이미 5300년 전부터 약으로 쓰여 온 걸요. 이탈리아와 오스트리아 국경 지대에 있는 알프스산맥의 외츠탈 계곡에서 냉동 상태로 발견된 원시인 사냥꾼의 허리춤에서 나온 적이 있답니다. 이 사냥꾼은 외츠탈에서 발견되어서 '외치'라는 별명이 붙었는데 원시인도 약을 썼다는 게 밝혀진 셈이라 다들 무척 놀랐었죠."

"헉. 내 조상 할아버지가 담배 피던 시절부터 썼단 거군."

그러더니 뭔가가 떠오른 듯 얼굴을 찌푸리며 호랑이가 말했어요.

"하지만 그 시절 사람들은 감기만 걸려도 죽었다고 하던데. 보통 30년 정도를 살았다고 들었어. 게다가 수은이란 걸 약이라며 먹고 몸에 바르고 했다더군. 우리 동물들은 새끼 돼지조차 그게 독이란 걸 아는데 말이야."

수은은 실온에서 액체로 존재하는 유일한 금속이에요.

잘고쳐 선생님의 **약 노트**

원시 시대에도 약을 썼다고?

외치는 5300년 동안 두꺼운 얼음 속에 미라 상태로 묻혀 있던 석기 시대의 원시인이에요. 1991년 알프스산맥의 외츠탈 계곡에서 발견되었으며 '아이스맨 외치'로 불려요. 특히 외치는 뼈와 피부를 고스란히 간직하고 있어 오랜 전 인류의 유전자 구조, 식생활, 병 등을 연구할 수 있었지요. 학자에 따르면 외치가 마지막으로 먹은 음식은 날고기를 말린 것으로, 살아 있을 때 복통을 앓았던 것으로 추정돼요.

자작나무 버섯 주로 자작나무에서 자라며 지금도 이탈리아와 폴란드에서는 구충제 대신으로 쓰인다.

채찍처럼 생긴 편충의 모습

이탈리아 고고학 박물관에 전시된 외치의 살아 있을 당시의 모습을 재현한 모형

학자들은 이 사냥꾼을 녹이고 난 뒤 배 속에서 기생충의 한 종류인 편충을 발견했답니다. 편충은 배 속에 살면서 피를 빨기 때문에 배를 몹시 아프게 만들어요.

잘고쳐 선생님은 말문이 막혔어요. 외치가 그랬던 것처럼 원시 시대부터 사람들은 약을 찾아 헤맸고 가까스로 알아낸 사실을 가지고 책을 써 냈지요. 서양에선 고대 그리스의 유명한 약제사인 디오스코리데스가 《약물에 대하여》라는 책을, 동양에선 고대 중국의 신농씨가 《신농본초경》이란 의학서를 펴냈답니다. 이 두 권의 책은 거의 2000년 동안 전해져 내려왔는데 약에 대해 아주 오래전에 알아내거나 밝혀진 것을 적은 것이라 잘못된 내용들도 많이 있어요. 그 중 하나가 수은이 약이라고 적어 놓은 거예요. 이 때문에 중국의 진시황제는 수은에 중독돼 고통스러운 죽음을 맞았고, 세계적인 작곡가인 슈베르트와 슈만도 그랬답니다.

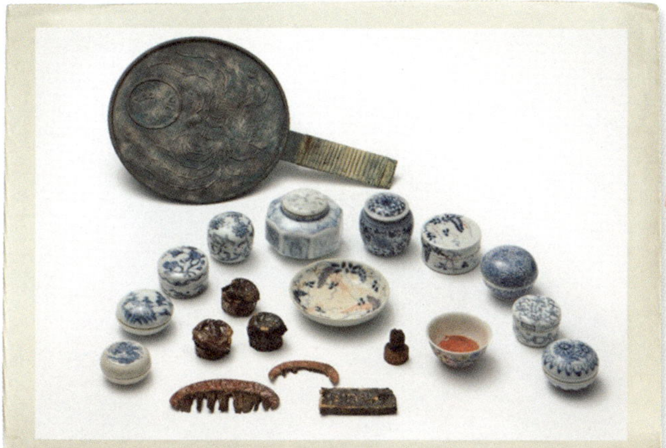

경기 남양주시 화협옹주 묘에서 발굴된 화장 도구들. 화장 용기 중 다수엔 1700년대 사람인 화협옹주가 실제 사용한 것으로 추정되는 화장품들도 담겨 있었다. (자료: 국립고궁박물관)

조선 시대 여인들이
바르던 분에는
수은이 들어 있었어요.
이 때문에 수많은
여인들이 피부가
창백해졌고 살이 쭉쭉
빠지기도 했답니다.

"표정 참 볼 만하네. 인간들이 어리석은 게 부끄러워서 그래?"

호랑이는 날카로운 이를 드러내며 히죽 웃더니 말을 이었어요.

"걱정 마. 더한 것도 들었으니까. 아, 글쎄. 얼마 전 바다 건너에서 놀러온 내 친구가 그러더군. 그 녀석이 사는 나라에선 불과 200년 전만 해도 사람들이 오랜 기간 배를 타다 잇몸에서 피가 너무 나서 죽었대. 생강즙을 먹으면 낫는다는 걸 이곳 동양에선 이미 3000년 전부터 알았는데 말이야."

잘고쳐 선생님이 말했어요.

"괴혈병을 말하는 거군요. 1747년 영국 해군 소속의 군의관인 제임스 린드가 항해 중 선원들에게 레몬이

나 오렌지 과즙을 먹이는 실험을 해 효과를 증명하고 몇 년 뒤 해결책에 대한 논문까지 발표했지만 바로 인정을 받지 못했어요. 그로부터 40년이 흐른 뒤에 영국 해군은 괴혈병에 신선한 채소와 과일이 효과가 있다는 것을 인정하고 라임을 공급하기 시작했지요. 당시에는 레몬이 귀했고, 이에 비해 라임은 가격도 싸고 쉽게 구할 수 있었거든요."

"쯧쯧, 어리석은 인간들 같으니라고."

"호랑이님. 레몬을 먹으면 왜 괴혈병이 낫는지 아십니까?"

"음…, 몰라."

"제임스 린드도 몰랐죠. 그래서 사람들은 계속해서 연구를 했습니다. 그러다 1932년에 헝가리 출신의 생화학자 센트죄르지가 파프리카에 들어 있는 약효 성분을 찾아내 '비타민C'라고 이름 붙였죠."

잘고쳐 선생님은 그렇게 말하고는 주먹을 불끈 쥐며 덧붙였어요.

"틀린 건 잘 고치면 되는 겁니다."

그때였어요. 갑자기 숲속에서 불퉁한 목소리가 흘러나왔어요.

"헤이. 아무도 없냐? 여우 아줌마가 필요해. SOS다!"

깜짝 놀란 호랑이가 수풀 사이로 성큼성큼 걸어 들어갔어요. 잘고쳐 선생님은 얼떨결에 뒤를 따랐죠.

얼마쯤 가니 쭉쭉 뻗은 자작나무 숲이 나타났어요. 호랑이는 은색 나

무껍질이 유달리 반짝이는 자작나무로 가서 서더니 나무둥치에 손을 대고는 물었어요.

"이봐. 무슨 일이야?"

놀랍게도 자작나무 잎사귀 사이에서 목소리가 흘러나왔어요.

"우리 마을 꼬맹이가 도시로 몰래 놀러갔다가 말라리아에 걸려 왔어. 열이 엄청난데 어떻게 해야 할지 모르겠다."

뒤에서 듣고만 있던 잘고쳐 선생님은 깜짝 놀라 외쳤어요.

"당장 도시에 있는 병원으로 옮기세요! 말라리아는 제때 치료하지 않으면 오랫동안 고열과 오한에 시달리다 자칫 죽을 수도 있습니다!"

호랑이가 얼굴을 팍 찌푸리더니 말했어요.

"잘고쳐 선생. 인간들이 우리 같은 존재를 보면 치료는커녕 괴물이라며 죽이려 들 거야."

"하지만 말라리아는 기나나무에서 추출해 만든 퀴닌이란 약으로 치료해야 합니다. 그 약은 큰 병원에나 있어요."

"기나나무가 어디 있는데?"

기나나무

"남미에 있습니다. 그곳 원주민인 케추아족은 아주 오랜 옛날부터 말라리아에 걸리면 기나나무 껍질을 달인 차를 마시곤 했거든요. 케추아족에게서 그 열병 치료법을 배운 선교사들은 유럽에 기나나무 껍질을 수출하기 시작했죠. 그로부터 200년 후, 프랑스의 약제사들이 기나나무 껍질에서 퀴닌이라는 약효 물질을 추출해 약으로 만들었고요."

잘고쳐 선생님의 대답에 엉뚱하게도 자작나무 잎사귀 사이에서 탄성이 들려왔어요.

"케추아족이라면 잘 알고 있지! 그들이 애지중지하는 그 나무 껍질이

1924년 말라리아 치료제로 나온 '퀴닌'의 효과를 재미있게 홍보하는 광고들

설마 말라리아 특효약일 줄이야!"

그러더니 조용해졌어요. 호랑이는 제 콧수염을 길게 잡아 늘이며 말했어요.

"저 라마 녀석, 여전히 성격이 급하구먼. 고맙단 인사도 안 하고 전화를 끊어 버리다니."

잘고쳐 선생님은 눈이 휘둥그레졌어요.

"라마라면 페루 안데스 산맥에 산다는 낙타랑 비슷하게 생긴 동물 말입니까?"

"맞아. 바로 그 라마야. 저 녀석 자기보다 약해 보이면 침을 뱉는다

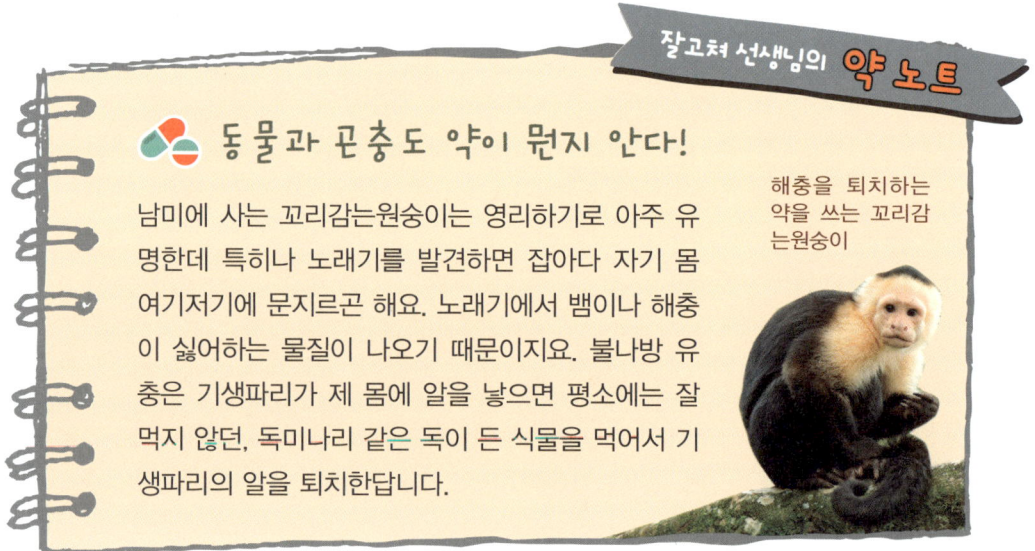

잘고쳐 선생님의 약 노트

동물과 곤충도 약이 뭔지 안다!

남미에 사는 꼬리감는원숭이는 영리하기로 아주 유명한데 특히나 노래기를 발견하면 잡아다 자기 몸 여기저기에 문지르곤 해요. 노래기에서 뱀이나 해충이 싫어하는 물질이 나오기 때문이지요. 불나방 유충은 기생파리가 제 몸에 알을 낳으면 평소에는 잘 먹지 않던, 독미나리 같은 독이 든 식물을 먹어서 기생파리의 알을 퇴치한답니다.

해충을 퇴치하는 약을 쓰는 꼬리감는원숭이

니까. 이제부터 넌 내 부하다 뭐 이런 뜻이래. 여우 아줌마는 라마의 습성이니 뭐라 하면 안 된다지만 난 영 마음에 안 들더라고."

호랑이가 툴툴대는 소리를 흘려들으며 잘고쳐 선생님은 눈앞의 자작나무를 꼼꼼히 살펴보았어요. 하지만 보고 또 봐도 아주 평범한 자작나무예요.

"나무로 국제전화를 걸다니 대체 어떻게 한 겁니까?"

"몰라. 옛날부터 이렇게 했어."

호랑이는 어깨를 으쓱거리더니 물었어요.

"근데 말이야. 혹시 버드나무 껍질도 약이야? 예전에 우리 할아버지가 이가 아프면 버드나무 껍질을 물고 있었거든."

해열, 진통제로 쓰이는 아스피린의 원료를 얻을 수 있는 버드나무 껍질

"약이 맞습니다. 버드나무 껍질에는 살리실산이라는 약효 성분이 들어 있거든요. 예로부터 우리나라 사람들도 진통을 줄이기 위해 버드나무 껍질 달인 물을 마시곤 했었죠."

"그것 참 이상하네. 난 그걸 마시면 속이 울렁거리고 귀가 멍해지던데. 그래서 독이라 생각했거든."

"살리실산 부작용이 있나 보군요. 독일의 제약 회사인 바이엘 사에서

살리실산 부작용을 줄이는 물질을 합성해 만든 아스피린이라는 약이 있습니다. 다음에 치통이 있으면 그걸 처방해 드리죠."

"오! 약을 준다고? 그럼 지금 줘."

호랑이가 손을 내밀었어요. 잘고쳐 선생님은 도리질했어요.

"호랑이님. 아스피린을 자주 먹으면 상처가 났을 때 피가 잘 멈추지 않게 됩니다. 약이란 건 아플 때만 먹는 거예요."

그러자 호랑이가 입을 삐죽이며 말했어요.

"난 이제 곧 아프게 될 거라고!"

여우 아줌마의 신기한 기계

그날 오후, 잘고쳐 선생님은 호랑이와 함께 여우 아줌마네로 향했어요. 사실 온 종일 이 마을, 저 마을 돌아다니느라 무척 피곤해 보건소로 돌아가고 싶었지만 호랑이가 이러지 뭐예요.

"이가 썩어서 뽑아야 하는데 아줌마한테 아프지 않게 만들어 주는 마법의 도구가 있거든. 그걸 쓰려면 버섯을 따 오라지 뭐야."

잘고쳐 선생님은 자작나무 전화기처럼 또 뭔가 신기한 게 있나 보다 싶어 호랑이를 도와 자작나무 버섯을 잔뜩 땄답니다. 호랑이는 잘고쳐 선생님 덕분에 금방 끝났다 좋아하며 흔쾌히 따라와도 좋다고 허락했지요.

여우 아줌마네 도착하니 해가 뉘엿뉘엿 지고 있었어요. 저녁 준비가 한창인지 고소한 냄새가 폴폴 풍겨 나오고 있었지요.

호랑이는 킁킁 냄새를 맡더니 슬픈 얼굴로 중얼거렸어요.

"이가 아파서 고기를 제대로 못 먹은 지 벌써 3일째라니까."

“그렇게 아팠으면 제가 있는 보건소로 오시지 그랬습니까?”

잘고쳐 선생님이 위로하듯 말하자 호랑이가 한숨을 폭 내쉬었어요.

“나도 그러려고 했는데…….”

“호랑이는 내가 말렸어요. 이가 나으면 배고프다고 무슨 짓을 할지 몰라서 말이지.”

불쑥 여우 아줌마의 목소리가 들려왔어요. 잘고쳐 선생님은 고개를 돌려 얼른 인사를 했어요.

“안녕하세요? 이번에 새로 지어진 보건소에 파견된 의사입니다.”

“말 안 해도 알아요. 소문이 자자하거든. 뭐든 잘 고치는 선생이 이 두메산골에 나타났다고 말이야.”

아줌마는 방긋 웃으며 마주 인사하더니 잘고쳐 선생님에게 손에 들고 있는 물건을 보여주며 말을 이었어요.

“이건 내 할머니에게서 물려받은 건데 호랑이조차 세상 모르고 잠들게 만들어 준다오. 이게 없었을 때는 주변 마을 동물을 모두 모아 이를 뽑는 내내 환자를 붙잡고 있어야 했다더라고.”

비로소 잘고쳐 선생님의 눈에 신기한 물건의 한쪽에 달린 고무 마스크가 눈에 들어왔어요. 반대편 병에 담긴 누르스름한 스펀지로 보이는 건 유황이 분명했죠.

“100년 전에 쓰인 에테르 마취제로군요! 예전에 책에서 유황에 알코

올을 부어 에테르 가스를 만들어서 썼다고 읽은 적이 있습니다."

"마취제? 저 고약한 냄새가 나는 가스도 약이란 거야?"

호랑이가 큰 눈을 부릅뜨며 외쳤어요.

"맞습니다. 수술할 때 환자가 통증을 느끼지 않도록 만들어 주죠. 16세기 스위스의 연금술사였던 필리푸스 파라켈수스라는 사람이 발명했는데 에테르를 써서 닭을 재울 수 있다는 사실을 알아냈죠. 하지만 사람에게 써 볼 생각은 하지 못했어요. 그러다 1842년이 되어서야 미국의 의사 크로퍼드 롱이 수술을 할 때 쓰면 환자가 전혀 고통을 느끼지 못한다는 걸 알아냈고요."

뛰어난 의사이자 연금술사였던 파라켈수스. 현대 의학에 많은 영향을 끼쳤다.

에테르 성분을 이용해 만든 마취제. 제2차 세계 대전 때 미국 군인들에게도 지급되었다.

잘고쳐 선생님은 그렇게 말하고는 아줌마의 손에 들린 물건을 가리키며 덧붙였어요.

“이건 분명 크로퍼드 롱이 만든 마취 기계일 겁니다. 하지만 에테르 가스는 작은 불꽃만 일어도 폭발할 위험이 있기 때문에 지금은 쓰지 않습니다.”

그러자마자 호랑이가 선 자리에서 펄쩍 뛰었어요.

“뭐야! 폭발! 나 이 안 뽑아! 안 뽑는다고!”

그러더니 휙, 도망가 버렸어요. 잘고쳐 선생님이 왕진 가방에 든 뿌리는 마취제를 보여 줄 틈조차 없었답니다.

약이 된 곰팡이

보건소가 쉬는 일요일, 잘고쳐 선생님은 오랜만에 가장 좋아하는 일을 하기로 마음먹었어요. 바로 현미경으로 세균을 관찰하는 거예요. 세균이란 매우 작아서 우리 눈으로는 볼 수 없는 미생물 중의 하나예요. 다른 생명체에 붙어서 질병을 일으키기도 하고, 된장이나 치즈 같은 발효 식품을 만들 때 쓰이기도 하지요. 1670년대에 네덜란드의 무역업자였던 안톤 판 레이우엔훅은 자신이 개발한 현미경으로 관찰한 미생물을 그림으로 그려 세상에 널리 알렸어요. 하지만 세균은 투명도가 높아서 일반 현미경으로는 모양, 크기, 배열 상태 등을 정확하게 관찰하기는 어려웠어요. 이후에 옷감을 염색하듯이 세균을 염색하여 관찰할 수 있는 기술이 발달한 덕분에 세균을 죽이는 약을 개발하는 것이 한결 쉬워졌어요.

레이우엔훅이 개발했던 현미경을 그대로 복원한 것이다. 단순해 보이지만 당시 사용하던 현미경보다 무려 270배까지 확대해 볼 수 있었으며, 오늘날 광학 현미경의 시초가 되었다.

'나를 알고 적을 알면 백전백승이지.'

잘고쳐 선생님은 휘파람을 불며 사람의 장 속에 사는 세균 중 하나인 대장균을 슬라이스에 담고는 보라색으로 염색을 했어요. 그런 뒤 신나 하며 보고 있는데 불쑥 호랑이가 뛰어 들어왔어요.

"나 이 뽑았는데 욱신거려. 약 줘!"

잘고쳐 선생님은 진통제를 건네주었어요. 호랑이는 물과 함께 꿀꺽 삼키더니 궁금한 듯 물었어요.

"날도 좋은데 밖에서 놀지 않고 뭐 하는 거야?"

"염색한 세균을 관찰 중이었습니다."

"우웩. 그딴 걸 봐서 뭐 하게?"

"약을 개발하기 위한 첫걸음입니다. 20세기 가장 위대한 발견이라 불리는 항생제인 페니실린도 따지고 보면 실험 관찰 중에 우연히 발견된 거랍니다.

런던의 세인트 메리 병원에서 일하던 세균학자 알렉산더 플레밍은 페

실험실에서 세균을 연구 중인 플레밍

트리라 부르는 납작한 유리 접시에 황색 포도상 구균을 염색해 놓고는 깜빡 잊고 뚜껑을 닫지 않았죠. 다음 날 와 보니 바람을 타고 날아든 푸른곰팡이가 황색 포도상 구균을 먹어 치우고 있었다더군요. 염색을 해 둔 덕분에 바로 알 수 있었죠."

잘고쳐 선생님의 설명에 호랑이는 머리를 긁적이며 말했어요.

"페니실린이란 놈이 사람 수명을 평균 50세에서 80세로 끌어올렸다는 건 들은 적이 있어. 이제 보니 놈이 아니라 약이었군."

그러더니 뒷짐을 지고 다가서며 물었어요.

“나도 봐도 돼?”

잘고쳐 선생님은 얼른 옆으로 물러서며 활짝 웃었어요.

“물론이죠!”

세계사를 바꾼 약의 힘!

오랜 옛날부터 사람에게 있어서 약이란 곧 사느냐 죽느냐의 문제였어요. 그러다 인구가 폭발적으로 늘어나면서 약은 역사의 흐름을 결정하는 '열쇠'가 되기도 했어요. 인류가 살아 오는 동안 약이란 열쇠가 연 새로운 역사는 무엇인지 알아보아요.

비타민C가 많이 들어 있는 레몬과 라임

비타민C

거친 파도와 바람을 가르며 바다를 항해하는 뱃사람들이 가장 무서워했던 건 바로 '괴혈병'이었어요. 괴혈병에 특효약으로 쓰이는 비타민C를 발견한 영국은 해군의 힘이 막강해졌어요. 이를 바탕으로 15~19세기까지 500여 년에 걸쳐 '해가 지지 않는 나라'라는 별명으로 불릴 정도로 바다 건너 대륙의 많은 나라를 식민지로 삼을 수 있었어요.

사람의 피를 빨아먹고 말라리아를 옮기는 모기

키닌

중국 역사상 가장 위대한 임금 중의 한 명으로 꼽히는 강희제는 17세기 청나라의 기반을 탄탄하게 닦았어요. 이 강희제가 다른 나라와의 싸움을 위해 떠난 원정길에서 하마터면 말라리아에 걸려 죽을 뻔 했답니다. 강희제를 구한 건 바로 키닌이었지요.

이탈리아의 오래된 의학 책 위에 놓인 키닌 약병

설파제

1943년 영국의 총리인 윈스턴 처칠은 폐렴으로 쓰러졌어요. 처칠은 제2차 세계 대전 당시 연합군을 승리로 이끈 정치 지도자예요. 의사들은 설파제를 이용해 치료했지요. 설파제는 최초로 개발된 효과적인 항생제로서, 세균 감염으로 생긴 병이나 종기가 곪아 생기는 화농성 질환에 효과가 좋은 약이에요. 제2차 세계대전 당시 영국과 미국이 힘을 합쳐 페니실린을 대량 생산하기 전까지 세균을 죽이는 약은 독일의 병리학자 도마크가 개발한 '설파제' 뿐이었어요.

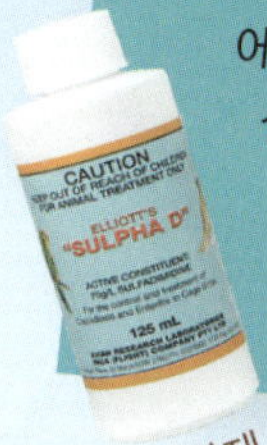

설파제

연구실의 도마크

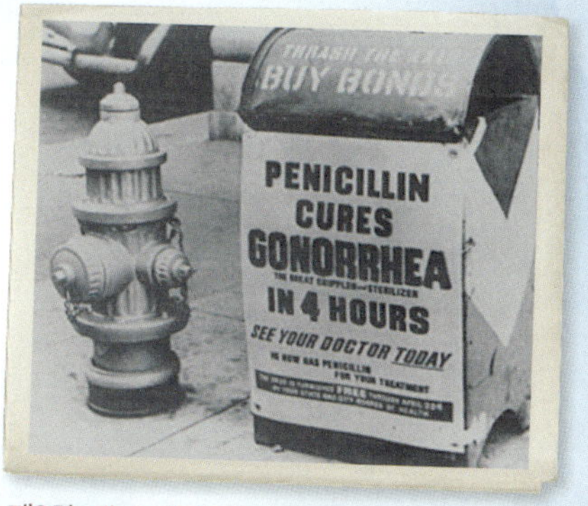

제2차 세계 대전 당시 군인들에게 조언을 제공하는 도로변 우편함에 부착된 포스터. 페니실린의 효과에 대한 내용이 써 있다.

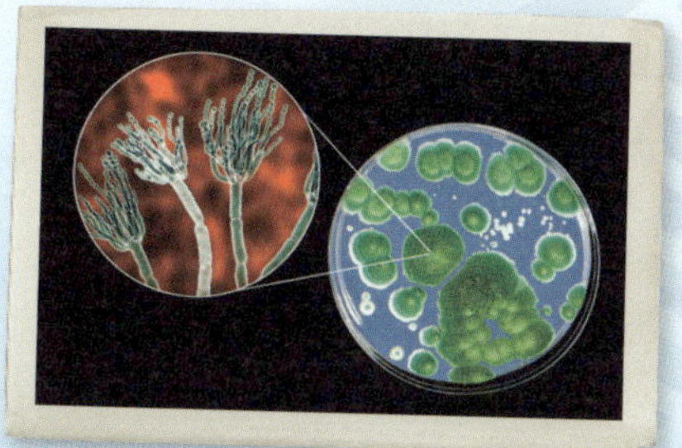
푸른곰팡이에서 뽑아내 기르는 페니실린

페니실린

제2차 세계 대전을 일으킨 독일과 일본은 온갖 세균병에 걸려 죽어가는 병사들이 많았어요.
플레밍은 페니실린이 병 치료에 큰 도움이 되리라 생각했지만, 당시로서는 대량 생산이 어렵고 쉽게 배설되는 문제로 인해 실제로 치료에 이용되지는 못했어요. 하지만 1939년에 하워드 플로리와 언스트 체인이 안정적인 제조법을 개발해서 이 문제가 해결되었지요. 세 사람은 1945년에 노벨 생리의학상을 공동 수상했어요.

토론왕 되기!

충격 발견! 약을 파는 자판기가 있다!

오! 미국에는 약 파는 자판기도 있구나!

우리나라에서도 2016년에 약사와 영상 통화를 한 뒤 약을 살 수 있는 의약품 자판기를 설치하려는 시도가 있었습니다.

정말? 어떤 약을 파는데?

평일 밤 10시부터 새벽 2시까지, 공휴일에는 온종일 약국이 문 닫는 시간에 이용할 수 있도록 만들었죠. 물론 이 경우 판매되는 약은 의사의 처방전이 필요하지 않은 일반 의약품이에요.

그래? 당장 사 봐야지. 어디 가야 볼 수 있어?

자판기 설치를 반대하는 약사들이 있어서 아직 설치되지 못했어요. 그분들 주장에 따르면 술을 마신 사람의 경우 먹으면 안 되는 약이 있는데, 그건 직접 소비자를 봐야만 판단할 수 있다고 해요. 또한 과용하면 위험한 수면제 같은 약을 소비자가 자판기의 편리함을 이용해 이곳저곳에서 구매하기 너무 쉽다는 점 또한 문제기도 하고요.

그것도 맞는 말이네. 하지만 자판기로 팔면 급할 때 쉽게 약을 살 수 있을 텐데. 그런가 하면 반대하는 사람들 말도 맞다 싶어~. 으음. 어떻게 해야 좋을까?

빈칸에 알맞은 낱말 넣기

다음과 관계 깊은 약 이름을 적어 보세요.

1

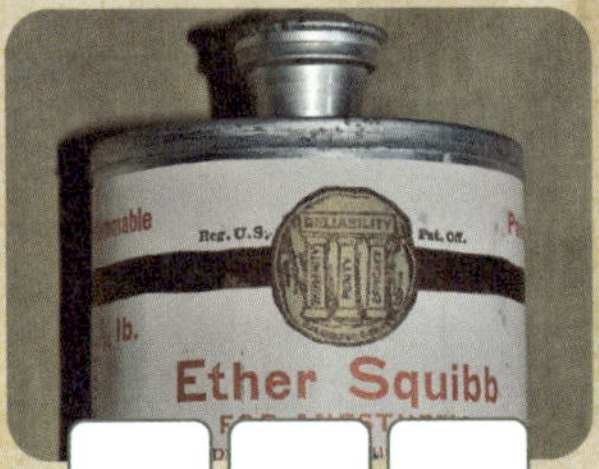

이게 없으면 수술할 때
너무 아파서 고통스럽지.

2

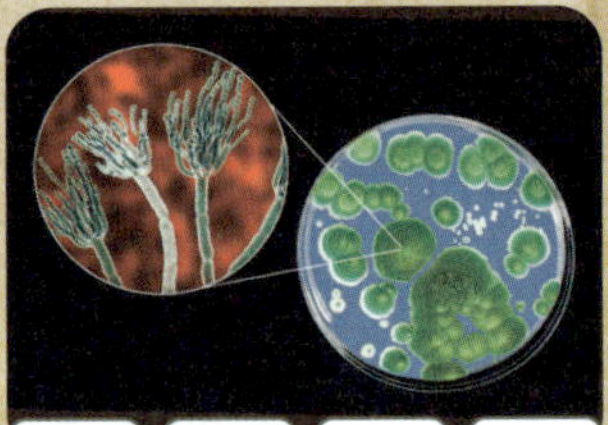

플레밍이 발견한
항생제야.

3

머리가 아플 때
이걸 먹으면 괜찮아져.

4

몸 안의 기생충을 없앨 때 쓰는
약이야.

정답 ❶ 마취제 ❷ 페니실린 ❸ 진통제 ❹ 구충제

호랑이 약국
으악! 그림이 병에 걸렸다!
호랑이네 집
폐는 건강하신 것 같네요. 굳이 약을 먹기보단 따뜻한 물을 아침저녁으로 드시는 게 좋겠습니다.
진료
그러우? 그것 참 다행이네. 홍홍홍.
잘고쳐 선생! 내 그림을 고쳐 줘!
그림을 습한 곳에 뒀었나 보네요. 곰팡이가 이렇게 심하게 슨 걸 보니.
어라? 곰팡이? 곰팡이라면…….
잘고쳐 선생, 얼마 전에는 푸른곰팡이란 놈으로 페니실린이란 약을 만들었다고 했잖아!

오호라, 이번 기회에 곰팡이에 대해서 설명을 제대로 해 줘야겠구나.
곰팡이로 약만 만드는 게 아니라 맛도 냅니다. 된장은 누룩곰팡이, 블루치즈는 푸른곰팡이의 힘이죠.
그런가 하면 이 그림처럼 썩게 만드는 힘을 가지고 있기도 하고요.
보기 안 좋을 뿐이지 세상에는 꼭 필요하죠.
썩어서 먼지로 돌아가야 세상이 깨끗해지긴 하지, 뭐.
마트에서 파는 곰팡이 제거제를 쓰면 그림이 망가지겠군요.
항진균제인 니스타틴을 써 보죠.

1966년 이탈리아 피렌체에 대규모 홍수가 났을 때 우피치 미술관이 잠기면서 라파엘로 같은 거장의 그림에 곰팡이가 피었어요.
그때 니스타틴으로 그림을 온전히 살려 냈다고 들었어요.
그런데 항진균제가 뭐야?
상처에서 자라는 곰팡이를 죽이는 약입니다.
제2차 세계 대전 때 군인들이 곰팡이 때문에 고생했어요.
그래서 곰팡이를 없애기 위해 여러 방법을 찾게 되었죠.

1950년대에 레이철 풀러 브라운과 엘리자베스 리 하젠이라는 두 과학자가 많은 토양 샘플을 모아서 곰팡이를 죽이는 미생물을 연구했어요.
결국 두 과학자는 하젠 친구 집의 정원에 있는 흙 속에서 곰팡이를 죽이는 미생물을 찾아냈고, 니스타틴이라는 항진균제 개발에 성공했어요.
나쁜 곰팡이를 죽이는 약이 흙에서?!
진료소
흙 속에 약이 숨어 있었다 이거지.
니스타틴

역시 약이란 좋은 것이야!
귀한 약을 이런 데 쓰다니. 쯧쯧.
아니죠. 할머니네 떡이 더 귀하죠.
그만 둬. 떡보다야 약이 더 귀하지.
지난번에 만든 떡을 몽땅 먹었으니 당분간 떡 구경할 생각은 마.
칫. 그럼 할머니, 약 주면 떡 줄라나?
약? 네가 무슨 약이 있다고?
흙을 죄다 모았으니 이 중에 약이란 놈이 숨어 있을 거야.
흙
흙
흙

호랑이님. 지금 뭐 하시는 건가요?
약 찾는 중인데?
으. 맛이 이상해.
입안을 헹궈 흙을 다 뱉어 내세요.
?
여기 있는 흙 다 먹어 봐야 해. 약이 될 만한 놈이 있을 거야.
이런 식으로는 못 찾아요. 흙에는 다양한 미생물이 있거든요.
그럼 이렇게 먹는다고 확인할 길은 없단 거네.
윽, 갑자기 배가……. 배 속에 곰팡이가 피었나 봐. 흙 때문에 그런 게 분명해.
저런! 주사 한 방 놔 드릴까요?
씨익
!

죽다 살았네.
역시 약이란 좋은 것이야!
나는야 집배원~♪!
부릉 부릉
이크! 변신해야겠다.
휘리릭
아이고. 깜짝이야.
끼익
호랑군. 오랜만이네.
누가 택배 시켰나 보죠?
잘고쳐 선생님이
약을 잔뜩 주문했어.
아싸! 약이
굴러 들어오는구나!
보건소까지는 한참 가야 하니
제가 배달해 드릴게요.
아니, 이건 내 일이라…….
저 못 믿으세요?
부릅
줄게. 주고말고.
약국을 열자. 호랑이 약국.
맛난 거 잔뜩 먹을 수 있다~.

다 됐다!
호랑이약국
호랑이약국
우뚝
호랑이 약국? 약국이 뭐냐?
메에~
호랑이약국
할아버지도 참.
약 파는 곳이에요.
호랑이약국
메에~ 저건 잘고쳐 선생이 주던 약들이잖아?
넌 약에 대해 아는 것도 없잖아?
그래서 이거 샀거든요!
그거 뭐에 쓰려고?
인터넷이란 곳에 물으면 무슨 약인지 다 나와요.
그럼 감기약 좀 주려나? 며칠째 기침이 멎질 않거든.
호랑이약국
항생제란 놈을 드릴게요. 그 약이 만병통치약이거든요.
내가 먹으려고 아껴 둔 사탕인데~ 이거면 약값이 되려나?

약을 배달하겠다고 문자가 온지 벌써 3일째인데…….
보건소
소장 잘고쳐
아이고. 호랑이 살려~
보건소
쿨럭쿨럭~
맙소사. 약이 다 어딜 갔나 했더니만…….
기침이 멎질 않아. 약을 너무 먹어서 그런가 봐.
이 약들은 의사의 처방전 없이도 살 수 있는 일반 의약품들입니다.
하지만 섞어 먹을 경우 심각한 부작용을 일으킬 수 있습니다.
이건 항생제? 꽤! 많이 주문했는데! 이거밖에 안 남았다고요?

스르륵
근데 난 몇 알 안 먹었어. 감기 걸렸다는 동물들에게 다 나눠 줬지.
감기는 바이러스라 항생제가 듣지 않습니다. 항바이러스제가 필요합니다.
슈퍼 버그랑 슈퍼 박테리아가 생겼으면 큰일인데…….
세균이 슈퍼맨이 된단 거야?
항생제를 쓰면 세균도 진화를 합니다. 페니실린을 이겨 내는 세균, 항생제를 이겨 내는 세균이 나타났어요. 그런 세균들을 슈퍼 박테리아라고 부릅니다.
그중 등장했다 하면 비슷한 세균까지 모두 불러 모으는 녀석을 슈퍼 버그라고 부르고요. 우리나라에선 다제 내성균이라고 부르고 있죠.
콜록
일단 저부터 감염되는 걸 막아야겠군요.
훌쩍
감염이 뭔데?

3장

호랑이보다 무서운 병

– 신종 감염병

감기에 걸린 호랑이

잘고쳐 선생님은 끙끙, 아파 누워 있는 호랑이의 열을 재보았어요.

"37.5℃로군요. 이 정도면 미열이네요. 언제부터 열이 났습니까?"

호랑이는 뜨거운 숨을 내쉬더니 겨우 대답했어요.

"어제 저녁부터. 목이 따끔따끔하더니 기침이 쏟아졌고, 그러더니 열이 나기 시작했어. 근데 마스크는 왜 쓴 거야?"

잘고쳐 선생님이 대답했어요.

"질병은 크게 22가지로 나눌 수 있는데 대부분의 질병은 다른 사람에게 옮지 않습니다. 하지만 세균과 곰팡이 그리고 바이러스가 일으키는 병은 다른 사람에게 옮길 수 있기 때문에 '감염병'이라고 부르죠. 감기는 감기 바이러스가 일으키는 대표적인 감염병이고요."

그리고는 마스크를 꽉 눌러 쓰며 말을 이었어요.

"보통 바이러스는 침방울에 섞여서 전파되기 때문에 마스크를 쓰면 막을 수가 있습니다."

"내가 마스크를 쓰지 않아 옮았단 거야?"

"어쩌면요. 아니면 감기에 걸린 사람이 만진 걸 무심결에 만지고는 손을 씻지 않아서 전염되었을 수도 있고요."

"나 손 깨끗해. 봐!"

잘고쳐 선생님은 앞발을 들어서 보여 주는 호랑이를 보고는 웃음을 터뜨렸어요.

"꼭 200년 전 의사들 같군요. 그 당시 의사들도 제 손에 묻은 게 없다면서 손 씻는 것도 수술 도구를 소독하는 것도 게을리했거든요."

호랑이는 입을 삐죽거렸어요.

"어쩌면 그 의사들이 옳을 지도 몰라."

"그래서 당시 헝가리의 산부인과 의사였던 제멜바이스가 7가지 가설 실험을 해서 눈에 보이지 않는 어떤 균이 산모와 아이들을 죽이고 있다는 걸 증명해 냈죠."

"히야. 제멜바이스 덕분에 수많은 아이들이 목숨을 건졌겠네?"

"안타깝게도 그 당시 의사들은 눈에 보이지 않는 걸 믿지 않았죠."

"뭐야! 역시 인간들은 어리석다니까! 근데 대체 누가 질병을 일으키는 세균을 찾아낸 거야?"

"독일의 세균학자 로베르트 코흐란 분입니다. 병에 걸린 동물이나 사람의 피에서 뽑아낸 세균을 실험용 동물의 혈관에 넣으면 건강한 동물 또한 금세 병에 걸린다는 사실을 알아냈죠. 그리고 프랑스의 화학자 루이 파스퇴르는 실험을 통해 세균이 인간의 몸속에서 저절로 생겨나는 것이 아니라 공기 중에 떠다니다가 상처를 통해 들어간다는 사실을 증명해 냈고요. 그뿐 아니라 가열을 통해 세균을 죽이는 '살균법'도 개발해 냈습니다."

"그럼 나도 뜨거운 물에 들어가면 감기가 나으려나?"

잘고쳐 선생님의 백신 노트

오랫동안 질병을 일으켜 온 세균이 있다고?

지금으로부터 350여 년 전에 레이우엔훅이 세균을 발견하고 관찰했지만, 당시에는 특정한 세균이 질병과 관련이 있다는 사실은 알지 못했어요. 세월이 한참 흘러 1877년에 독일의 세균학자 코흐가 동물과 사람에게 탄저병을 일으키는 세균이 탄저균이라는 것을 증명했지요. 1881년에는 파스퇴르가 탄저병에 걸린 양에게 백신을 투여하여 병을 치료하기도 했어요. 그리고 1882년, 코흐는 수천 년 동안 인류에게 질병을 일으켜 온 결핵균을 발견했고, 공기를 통해 전염된다는 사실도 알아냈어요.

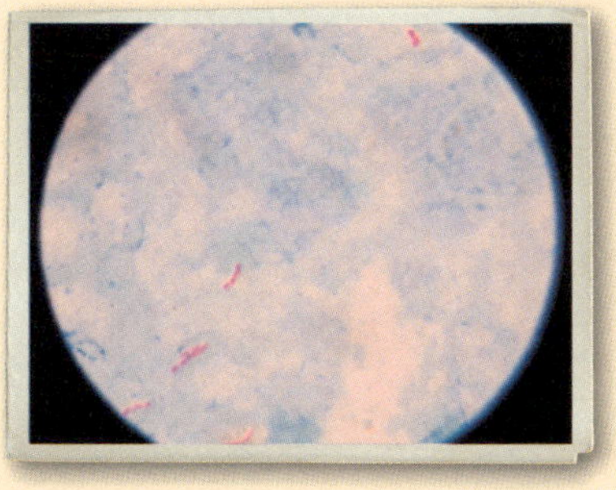

가래에서 발견된 결핵균(붉은색). 특히 사람의 폐에 질병을 잘 일으키는 결핵균은 결핵 환자의 기침이나 재채기, 가래 등을 통해 전파된다.

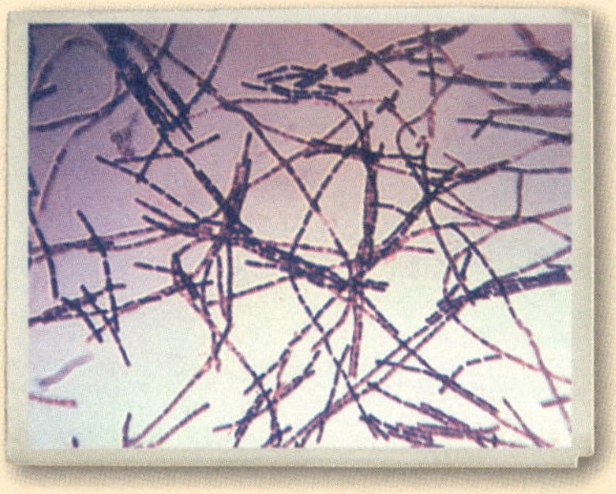

탄저균을 그람 염색하여 본 현미경 사진. 탄저병은 소, 말, 양 따위 초식 동물에 주로 발생하지만 사람에게 옮기도 한다. 이 병에 걸리면 내장이 붓고 혈관에 균이 증식하여 심하면 사망에 이르기도 한다.

호랑이가 눈을 반짝이며 물었어요. 잘고쳐 선생님은 고개를 저었어요.

"감기는 바이러스에 감염되어서 걸린답니다. 세균과 바이러스는 살아가는 방식이 완전히 달라요. 세균은 자신과 똑같은 세균을 하나 더 만들어 내는 이분법으로 수를 늘린답니다. 1개가 2개, 2개가 4개를 만드는 식이지요. 이렇게 늘어난 세균은 우리 몸속 혈액이나 조직을 돌아다니면서 양분을 흡수해 살아가지요.

반면 바이러스는 혼자서는 절대 살아남지 못해요. 제 입맛에 맞는 세포에 달라붙어 그 세포 속으로 자신의 유전 물질을 집어넣은 뒤 세포가 가진 양분을 먹어 치우며 바이러스를 복제해요. 이때 하나의 세포에서 만들어지는 자식 바이러스가 무려 10만 개나 되는 경우도 있을 정도죠."

"10만 개……."

호랑이가 겁먹은 얼굴로 마른 침을 꼴깍 삼켰어요.

잘고쳐 선생님의 **백신 노트**

유전 물질이란 무엇일까?

인간을 비롯한 모든 생명체의 세포 핵에는 DNA라고 부르는 유전 물질이 들어 있어요. 생식 세포 가운데 어버이의 고유한 특징을 자손에게 전하는 물질이에요. 우리가 엄마, 아빠와 닮은 이유도 바로 부모님의 유전 물질을 물려받기 때문이랍니다. 또한 부모님이 특정 질병을 앓으면 자식 또한 그 질병을 앓기가 쉬운데 이걸 '유전병'이라고 해요.

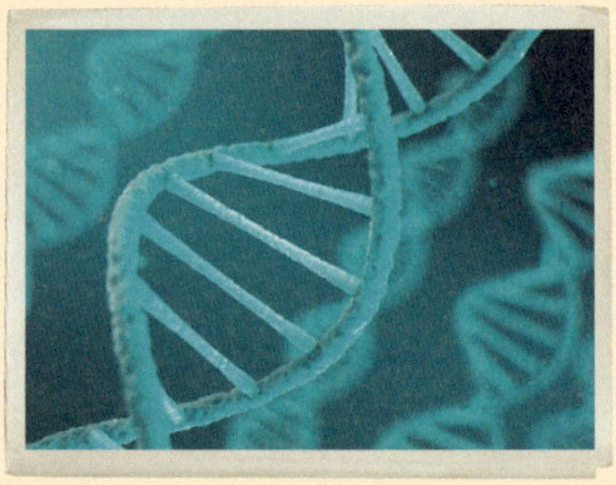
이중 나선 구조인 DNA의 분자 그림

감기와 독감이 다른 바이러스라고?

"감기라면 크게 걱정하지 않아도 됩니다. 호랑이님은 몸이 튼튼하니 일주일 정도만 앓으면 나을 거예요. 사실 감기 바이러스는 RNA 바이러스라 아주 쉽게 돌연변이를 일으키거든요. 그러다 보니 약을 만들기가 어렵죠."

잘고쳐 선생님은 그렇게 말하고는 혼잣말로 덧붙였어요.

"하지만 독감이라면 약을 써야 나을 텐데."

호랑이의 귀가 번쩍 뜨였어요.

"감기랑 독감이 달라? 독감이란 건 독한 감기 아냐?"

"감기는 리노바이러스, 코로나바이러스, 아데노바이러스 등 200종류가 넘는 바이러스 중 하나가 몸에 들어와 코나 목에 염증을 일으켜 걸리는 병입니다. 독감은 인플루엔자 바이러스로 인해 걸리고요. 높은 열과 심한 근육통, 구토와 설사가 대표적 증상이죠."

"코로나바이러스라고!"

호랑이가 벌떡 일어나 앉았어요. 그러더니 어지러운지 다시 벌러덩 드러누우며 흑흑, 흐느껴 울었어요.

"나 그거 알아. 중국에서 전 세계로 퍼져 나가 엄청 많은 사람들을 죽게 만든 바이러스잖아. 난 이제 죽는 거구나."

"그건 코로나바이러스가 박쥐나 천산갑에게서 인간한테로 전염되면서 변이된 신종 바이러스입니다. 2019년에 발견되어 '코로나19'라고 불렸죠. 2002년 전 세계 30여 개국에서 774명의 사망자를 낸 사스나 2015년 우리나라에서만 39명의 사망자를 낸 메르스도 모두 코로나바이러스가 돌연변이를 일으킨 거고요."

잘고쳐 선생님의 설명을 들은 호랑이가 커다란 눈을 끔뻑이며 물었어요.

"새한테서 옮는 독감도 있다는데 사실이야?"

잘고쳐 선생님은 고개를 끄덕였어요.

"조류독감은 새를 비롯해 닭이나 오리 같은 가금류가 걸리는 독감인데 사람에게 옮으면 아주 치명적이죠. 그래도 감염률이 높지는 않습니다. 2009년 유행한 신종 플루도 그렇고요. 사실 사람들이 겁내는 이유는 따로 있어요. 1918년 전 세계를 강타한 스페인 독감으로 무려 수천 만 명이 죽었거든요. 이 독감에 걸리면 감기에 걸린 듯한 증상을 보이다가 점차 환자의 피부에서 산소가 빠져나가면서 검은빛으로 변해 죽어 갔다고 해요. 그런 돌연변이 인플루엔자 바이러스가 다시 발생할까 봐 모두들 두려워하고 있는 겁니다."

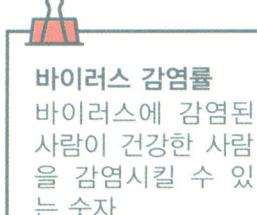

바이러스 감염률
바이러스에 감염된 사람이 건강한 사람을 감염시킬 수 있는 숫자.

호랑이는 한숨을 폭 내쉬었어요.

바이러스의 정체

1 바이러스는 이렇게 생겼다.

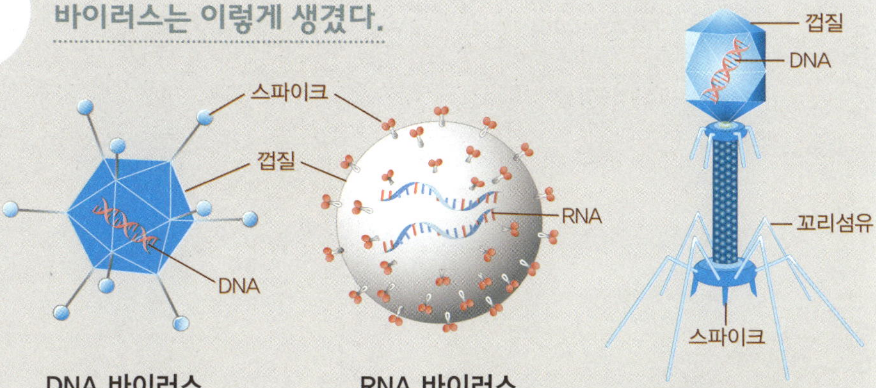

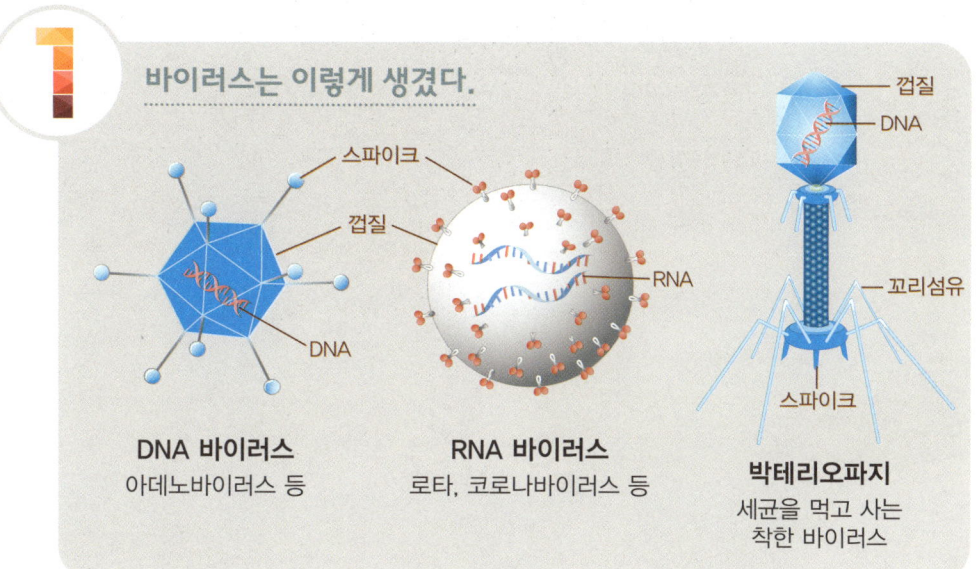

DNA 바이러스
아데노바이러스 등

RNA 바이러스
로타, 코로나바이러스 등

박테리오파지
세균을 먹고 사는
착한 바이러스

2 바이러스가 우리 몸을 정복하는 방법

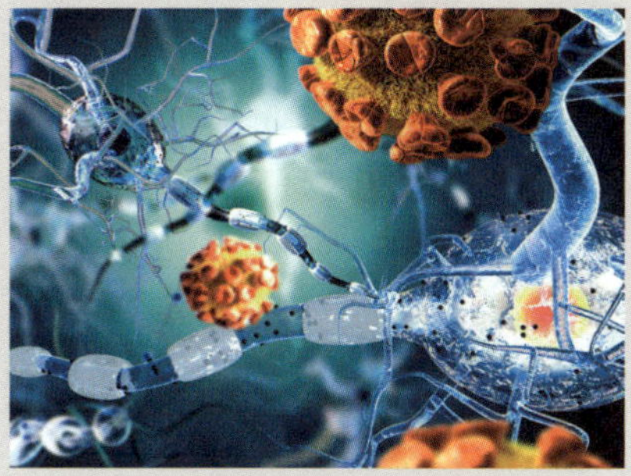

신경 세포를 공격하는 바이러스의 모습

❶ 바이러스 껍질에 있는 구조물인 스파이크를 이용해 세포에 달라붙기

❷ 세포를 찢어 유전 물질 집어넣기

❸ 세포의 양분을 쭉쭉 빨아먹으며 복제하기

❹ 세포벽 뚫고 탈출하기. 이때 세포가 죽으면서 몸에 열이 남

"인간들이 우리 동물들이 사는 이 깊은 숲까지 오지만 않았어도 그런 일은 없었을 거야. 새들도 인간을 싫어한다고. 박쥐도 그렇고, 천산갑도 그렇고."

잘고쳐 선생님도 같이 한숨을 쉬었어요.

"그러게 말입니다."

잘고쳐 선생님의 약 노트

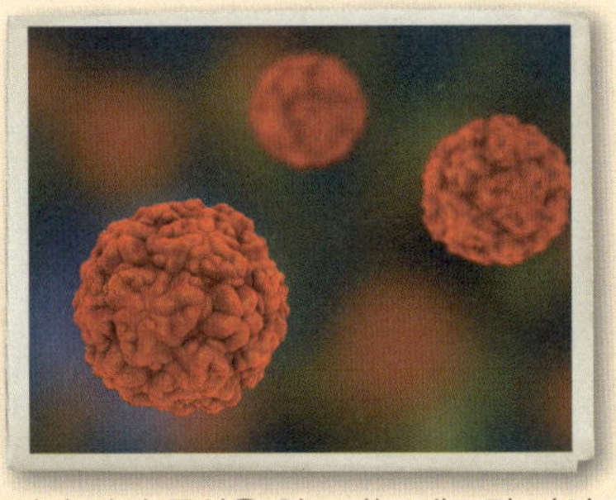

일반 감기 증상을 일으키는 대표적 바이러스인 리노바이러스

감기 바이러스

감기 바이러스가 침입하면 코나 목의 점막에서는 액체를 내뿜는데 이것이 바로 콧물과 가래예요. 가래에는 바이러스를 억제하거나 죽이는 물질이 섞여 있어요.

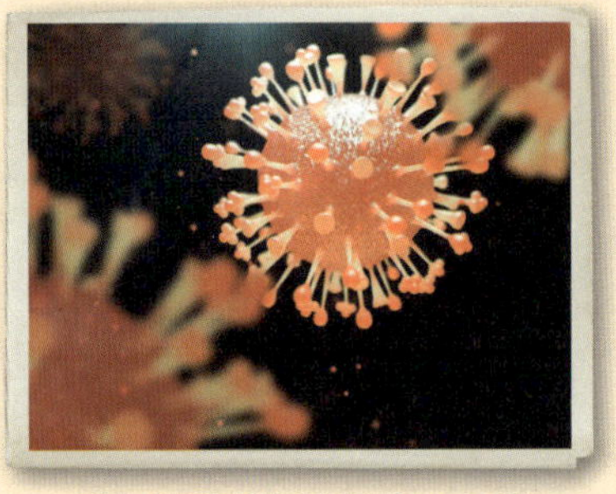

독감 인플루엔자 바이러스 그림

독감 바이러스

독감 바이러스는 그 형태에 따라 A형, B형, C형으로 나뉘어요. C형은 걸리더라도 증상이 아주 약해서 금세 나을 수 있고 B형은 모양이 언제나 똑같아서 약을 먹어서 치료하기가 쉽답니다.

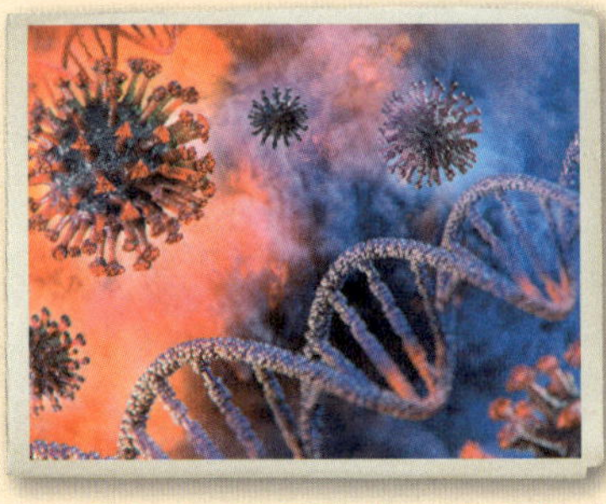

우리 몸의 DNA를 공격하는 신종 코로나바이러스

코로나19(2019 신종 코로나바이러스)

코로나19 감염은 중국 우한의 가축 시장에서 시작된 것으로 추정되고 있어요. 코로나19는 감염자의 기침이나 재채기를 통해 배출되는 비말을 통해 타인에게 전파됩니다. 또한 바이러스가 묻은 물질을 만진 후 그 손으로 자신의 입, 코 또는 눈을 만져도 코로나19에 감염될 수 있습니다.

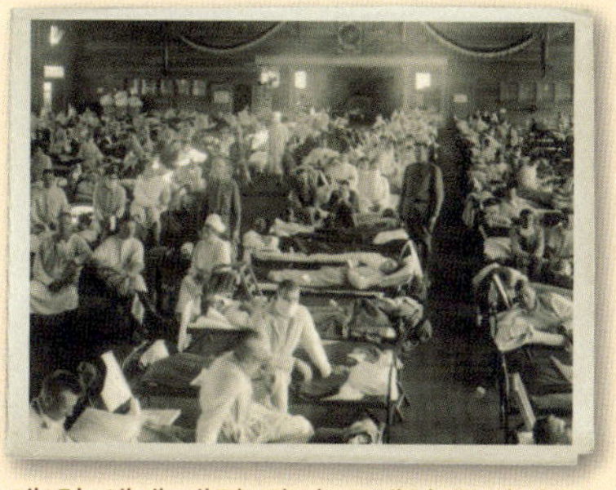

제1차 세계 대전 당시 스페인 독감에 걸려 병상에 누워 있는 병사들

스페인 독감

1918년에 전 세계적으로 유행한 독감으로, 인플루엔자 바이러스가 원인이에요. 몇 천만 명의 사람이 죽은 이 독감의 영향으로 제1차 세계 대전은 서둘러 매듭지어졌어요. 이 일을 계기로 독감 예방 접종 문화가 시작되었고 해요.

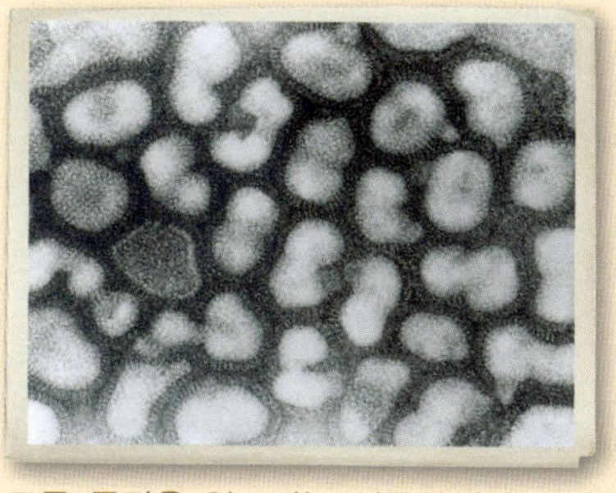

조류 독감을 일으키는 인플루엔자 바이러스 A형

조류 독감

1900년대 초에 이탈리아에서 처음 발견되었어요. 닭이나 오리 등이 걸리는 전염성 호흡기 질병이에요. H5N1이나 H7N9 같은 조류 인플루엔자에 사람이 감염되는 경우 달걀로 백신을 만드는 백신 제조법 특성상 백신을 만들기 어렵다고 해요.

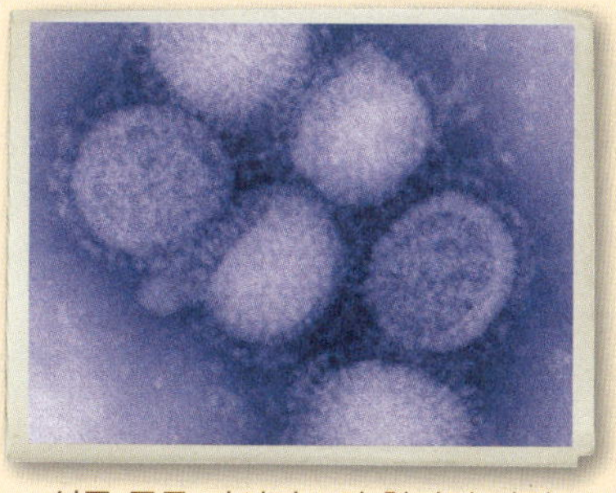

신종 플루 바이러스의 현미경 사진

신종 플루

신종 플루 바이러스는 H1N1 스파이크를 가지고 있어요. 'A형 인플루엔자 바이러스'의 변형으로, 돼지 등의 가축에게서 옮는 것으로 추정돼요. 신종 플루에 걸리면 고열, 호흡 곤란, 설사, 기침 등의 증상이 나타나는데, 다행히 이를 예방하는 백신이 개발되어 있어요.

전염병이 발생했다!

신종 코로나바이러스는 어떻게 사람들에게 널리 전파되었을까?

바이러스 전염 과정

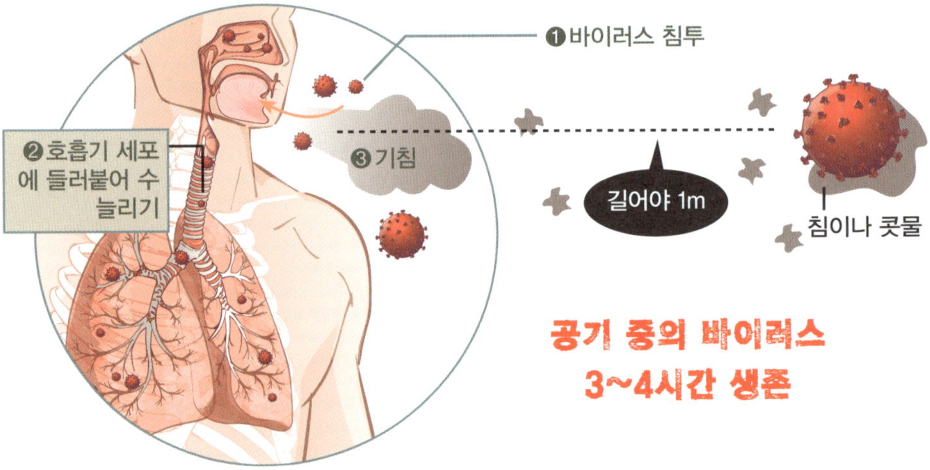

금속에 묻은 바이러스 12시간 생존

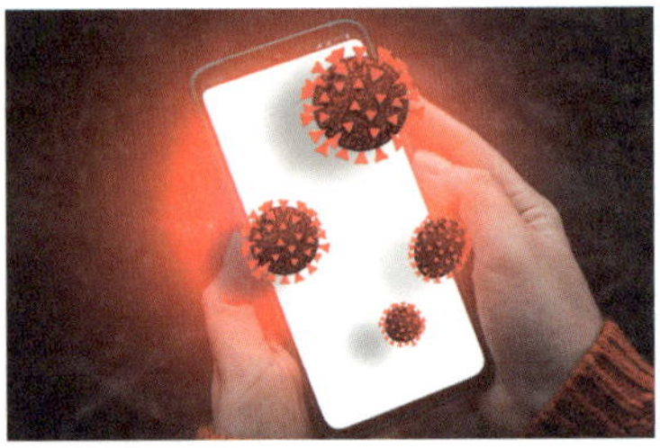
스마트폰에 사는 평균 세균 수는 2만 마리

지하철 손잡이 등 바이러스 최대 9일 생존

컴퓨터 자판 등에 붙은 바이러스 72시간 생존

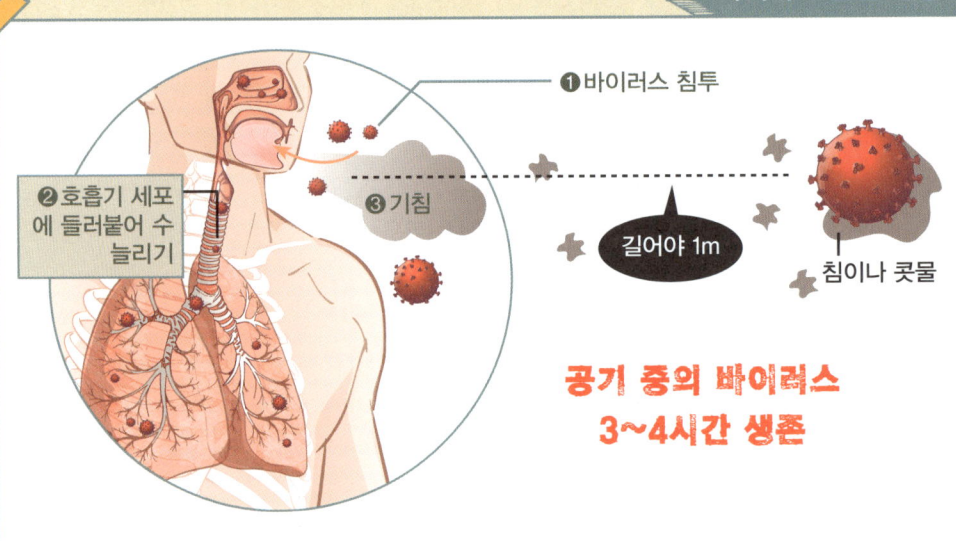

전염병으로부터 우리 몸을 보호하는 법

올바른 손씻기 6단계

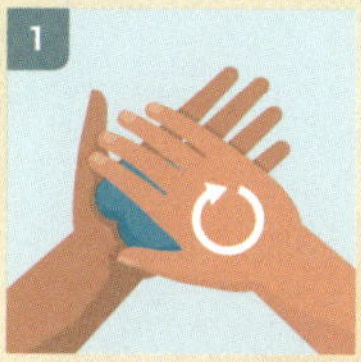
1

손바닥과 손바닥을 마주 대고 문질러요.

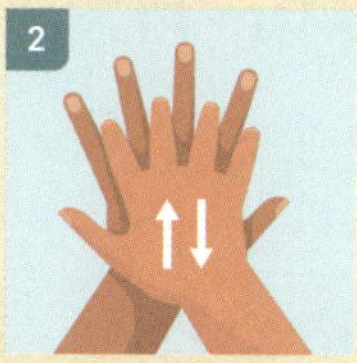
2

손등과 손바닥을 마주 잡고 문질러 줍니다.

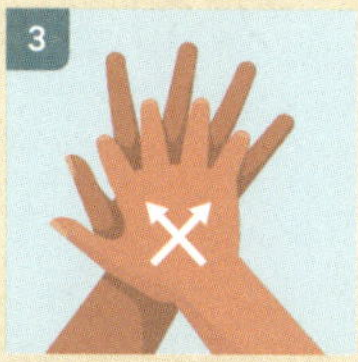
3

손바닥을 마주 대고 손깍지를 끼고 문질러 줍니다.

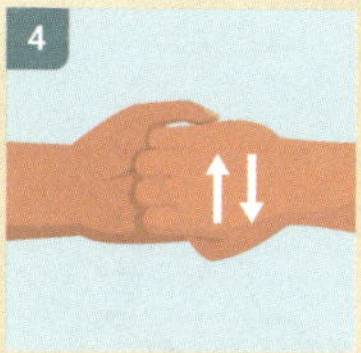
4

손가락을 마주 잡고 문질러 줍니다.

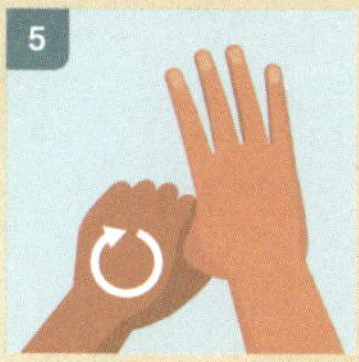
5

엄지손가락을 다른 편 손바닥으로 돌려 가며 문질러 줍니다.

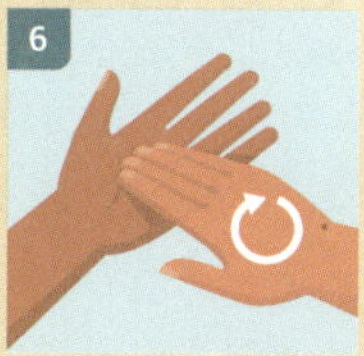
6

손가락을 반대편 손바닥에 놓고 문지르며 손톱 밑을 깨끗하게 합니다.

손은 반드시
비누로 30초 이상
제대로 씻는다.

사람이 많이 모여 있는 장소나 피시(PC)방, 노래방 등 환기가 되지 않는 밀폐 공간에 가지 않는다.

올바른 마스크 쓰기 5단계

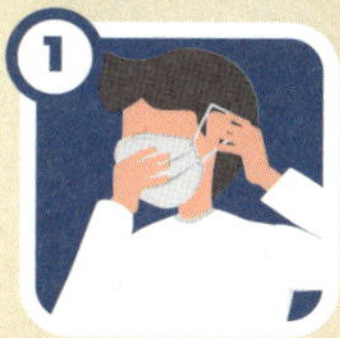
1

머리끈을 귀에 걸어 위치를 고정해요.

2

고정심 부분을 위로 하여 코와 입을 완전히 가려요.

3

양 손가락으로 고정심을 코에 밀착되도록 눌러요.

4

마스크가 얼굴에 잘 밀착되도록 해요..

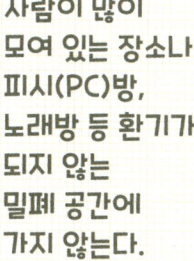

5

마스크가 코 밑으로 내려가지 않도록 주의해요.

마스크를
착용하기 전
반드시 손을
씻는다.

긴급 취재! 박쥐를 인터뷰하다!

신종 바이러스 중 가장 무서운 바이러스는 바로 에볼라 바이러스로 치사율이 무려 90%에 이른답니다. 그런데 학자들에 따르면 이 에볼라 바이러스 또한 박쥐가 옮긴 거라고 합니다!
박쥐는 대체 왜 이런 못된 짓을 하는 걸까요?

우린 억울해요!
인간들이 농지를 넓히고 목재를 더 얻겠다고 우리가 사는 숲을 밀어 버리고 있다고요!
우리가 사는 곳까지 들어와 집을 짓고 가축을 키우니 당연히 접촉할 일이 많아질 수밖에요. 그러니 이 모든 건 다 인간 때문이에요!

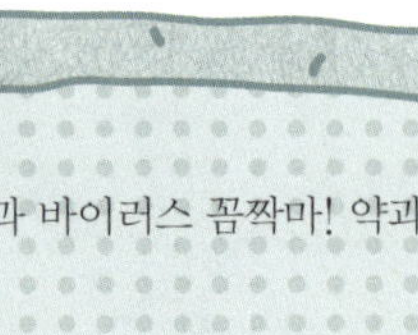

아! 그렇군요. 하긴 지구의 대표적인 열대 우림들이 연일 사람이 놓은 불 때문에 타 버리고 있죠. 아프리카의 대표적 산림 지대였던 케냐는 숲의 대부분이 다 사라지면서 마운트 케냐라 불리는 설산이 녹기 시작했고요. 인도네시아에서 거의 6개월에 걸쳐 산불이 지속되면서 주변이 다른 나라들로 엄청난 연기와 스모그가 번져 나갔어요. 이 영향으로 싱가포르, 말레이시아 같은 나라들에선 고농도 미세 먼지가 발생해서 문제가 심각했었죠. 이런 일을 하는 사람들을 만나보도록 하죠.

우리가 엄청 못된 사람들로 보이겠지만 당장 굶어죽을 판이니 어쩔 수가 없습니다! 전 케냐에 살고 있는데요. 최근에 아이 주먹만한 메뚜기가 전 국토를 덮쳤다고요. 녀석들은 지구 온난화 때문에 생겨난 사이클론을 타고 아주 빠르게 움직였고 무섭게 모든 걸 먹어 치웠습니다. 무려 105만 헥타르가 황무지로 변했어요. 그래서 농사지을 수 있는 땅을 만들기 위해 숲에 불을 놓을 거라고요. 흑흑!

이런! 지구 온난화가 말썽이군요. 그렇다면 생존을 위해 숲을 개간하는 건 어쩔 수 없는 일일까요? 신종 바이러스를 막기 위해서라도 환경 파괴를 당장 멈춰야 하는 걸까요? 그 답은 여러분에게 맡겨 보겠습니다.

빈칸에 알맞은 낱말 넣기

다음 주어진 사진과 낱말들을 보고 관련 있는 바이러스의 이름을 써 보세요.

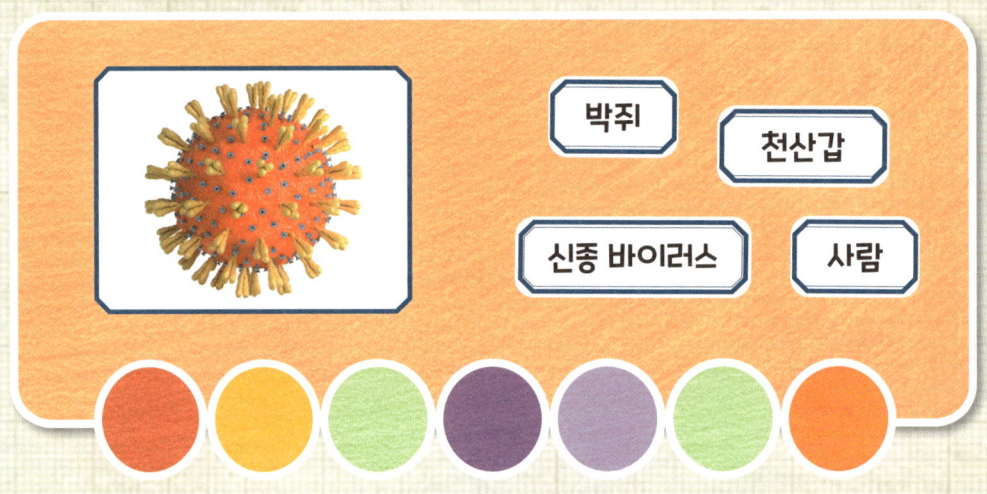

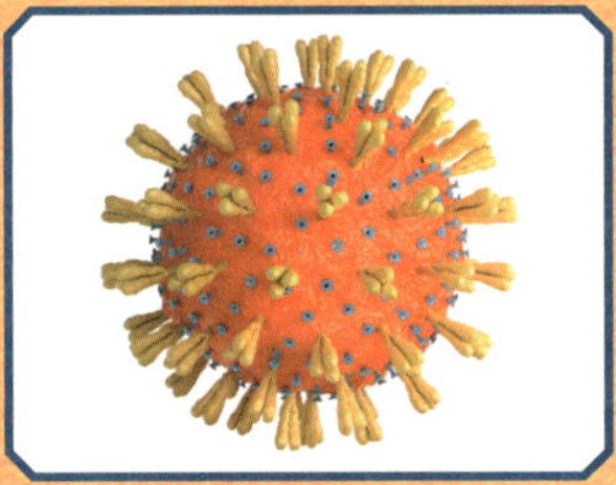

박쥐

천산갑

신종 바이러스

사람

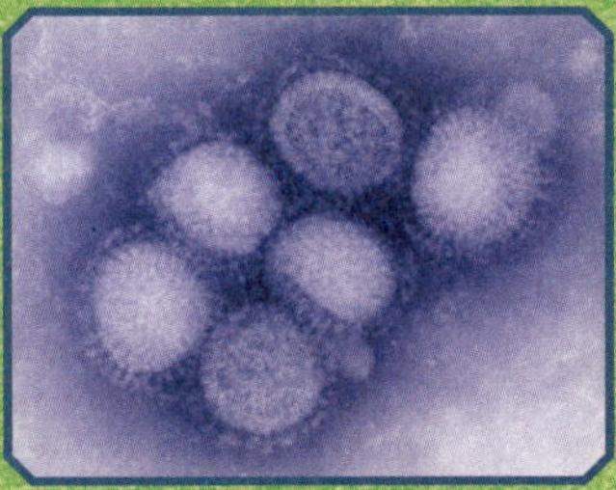

가축

변종 바이러스

사람

H1N1

정답

❶코로나바이러스 ❷신종 플루

4장

호랑이가 겁먹었어!

– 항생제와 슈퍼 버그

면역력이 뭘까?

감기 때문에 3일 밤낮을 끙끙 앓던 호랑이는 말끔하게 나았어요. 매일 병문안 겸 진찰을 하러 왔던 잘고쳐 선생님은 안도의 한숨을 내쉬었어요.

"증상이 감기 같긴 했지만 그래도 혹시나 하고 걱정했는데 다행이네요. 역시 호랑이 면역력이 최고인가 보네요. 토끼 할머니는 열이 펄펄 나서 자리에 누워 계시거든요."

"면역력이 뭐야?"

"면역력이란 세균이나 바이러스가 몸에 들어오더라도 이겨 낼 수 있는 힘을 뜻합니다. 가장 먼저 우리 몸에서 면역력이 발휘되는 곳은 피부나 호흡기, 코털 같은 것들로 세균이나 바이러스가 몸속 깊숙이 들어오는 것을 1차로 막아 내지요. 하지만 다 막지 못한 바이러스가 기어코 몸속으로 들어와 세포를 병들게 하려고 들면 맞서 싸울 2차 방어막이 만들어지고요."

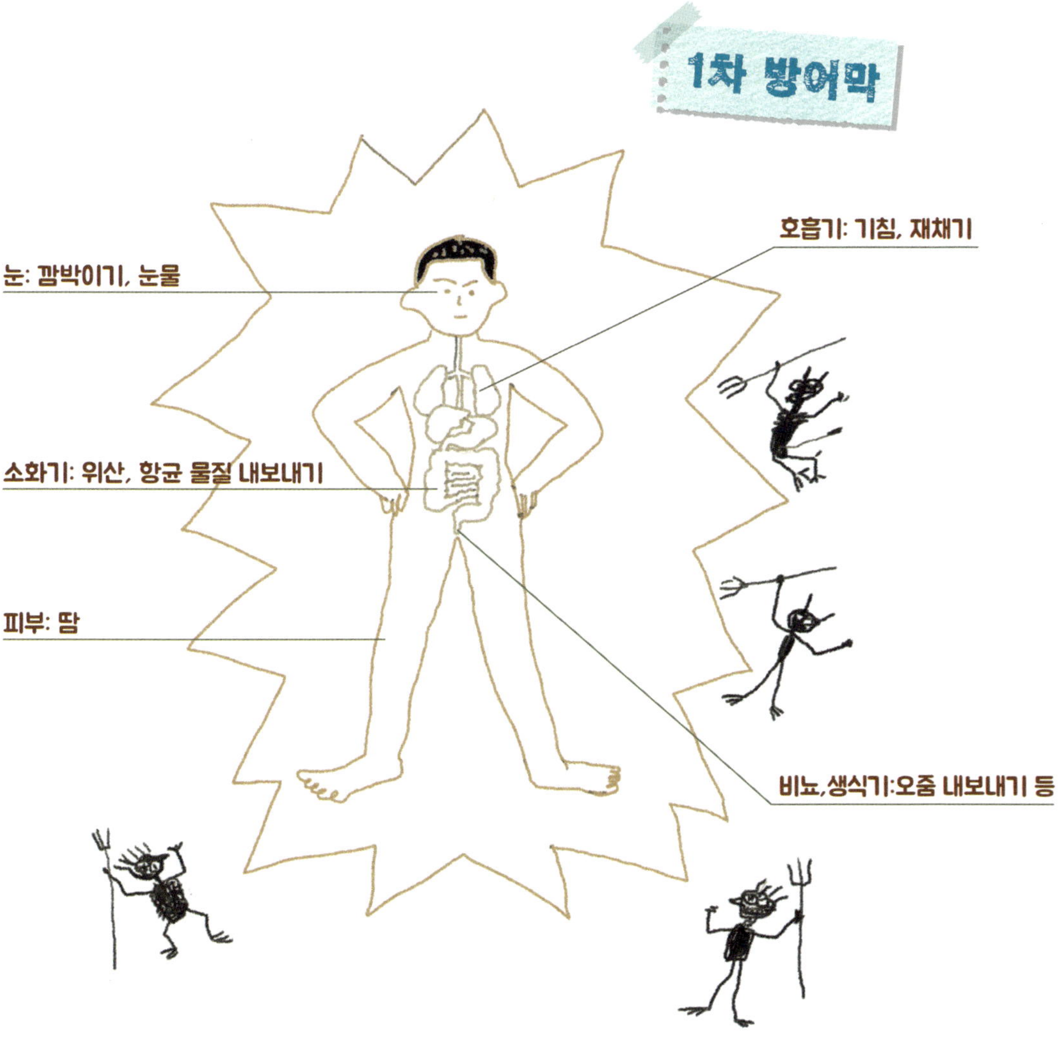

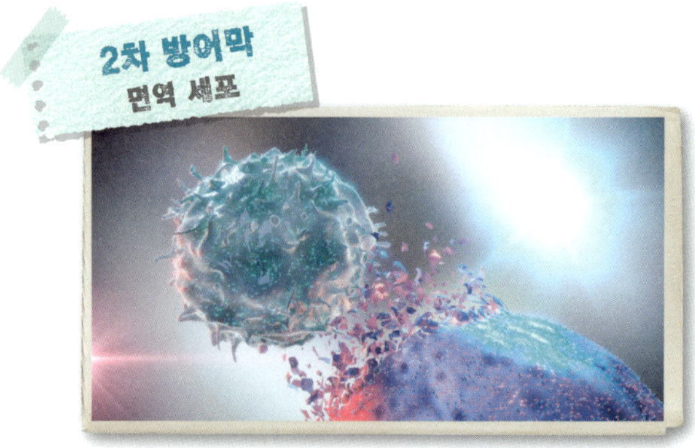

바이러스에 감염된 세포를 제거하는 NK(자연 살해) 면역 세포

면역 세포는
피 속에서
둥둥 떠다니다가
병원균이나 바이러스가
들어오면
맞서 싸운대!

토끼 할머니의 위기

“내 몸속에 호랑이 면역 세포들이 잔뜩 살고 있단 거구나. 헤헤. 역시 내가 가장 강해.”

호랑이가 으스댔어요. 그때였어요. 잘고쳐 선생님의 휴대 전화가 요란한 소리를 내며 울렸어요. 휴대 전화를 꺼내 확인을 해보니 여우 아줌마에게서 온 문자 메시지였어요.

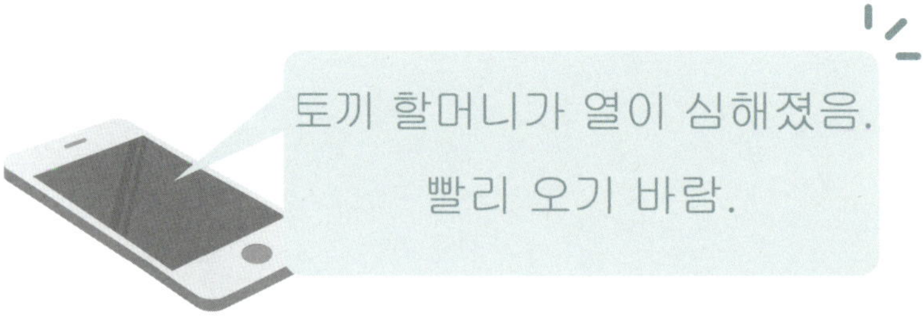
토끼 할머니가 열이 심해졌음.
빨리 오기 바람.

잘고쳐 선생님의 **백신 노트**

면역력의 정체를 알려 준 건 불가사리였다!

1882년의 어느 날, 러시아의 생물학자 메치니코프는 이탈리아 시칠리아섬의 메시나에서 불가사리의 유생을 현미경에 올려 놓고 실험을 했어요. 불가사리 유생은 투명해서 속이 다 들여다보이는데 그 중 모여 있지 않고 독립적으로 행동하는 유리 세포만 염색한 뒤 장미 가시로 콕 찔러 보았지요. 다음 날 현미경으로 유생을 살펴보았더니 놀랍게도 움직이는 세포들이 유생의 몸 안쪽 가시 주변에 모여들어 덩어리로 뭉쳐 있었어요. 메치니코프는 이 세포들이 유생을 지키기 위해 모여든 것이라고 확신했어요. 그리고 병을 일으키는 다른 미생물이 쳐들어와도 같은 방식으로 몰려와서 미생물을 삼킬 것이라 생각했지요. 메치니코프는 그 뒤 사람의 세포와 피를 연구했고 불가사리 유생과 마찬가지로 세균을 먹는 세포를 발견해 '면역 세포'라고 이름 붙였답니다.

세균을 연구 중인 메치니코프

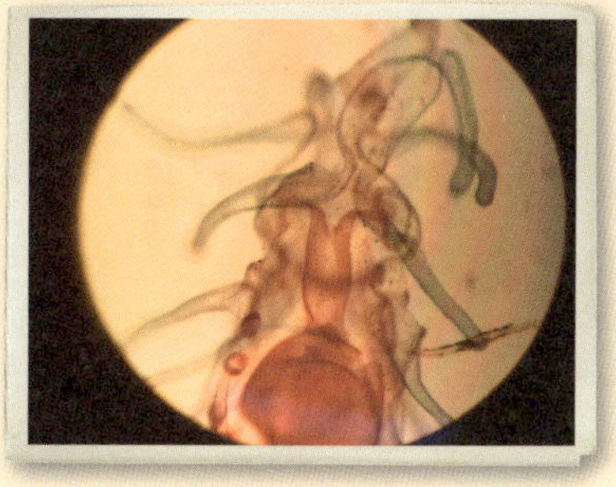

불가사리 유생

잘고쳐 선생님은 허둥대며 자리에서 일어섰어요.

"이만 가 봐야겠네요. 토끼 할머니가 아무래도 폐렴에 걸리신 것 같거든요."

호랑이는 깜짝 놀라 따라 나섰어요.

“감기라며! 왜 폐렴에 걸려? 그거 폐에 염증이 생기는 무서운 병이잖아.”

잘고쳐 선생님은 날다시피 걸음을 옮기며 말했어요.

“면역력이 약한 경우 감기 바이러스가 폐까지 들어갈 때가 있습니다. 그러면 감기 바이러스는 폐에 있는 세포에 달라붙어 대량 복제를 하게 되고 이때 세포들이 죽어 가면서 몸에 고열이 나고 폐렴에 걸리게 되는 거죠.”

그러더니 심각한 얼굴로 덧붙였어요.

“문제는 몸속에 슈퍼 버그가 있다는 거죠.”

호랑이는 너무 놀라 우뚝 멈춰 섰어요.

“슈퍼 버그라면 항생제를 모두 이기는 데다가 다른 세균까지 불러 모은다는 무시무시한 세균이잖아! 혹시 내가 드린 항생제 때문에 생긴 거야?”

잘고쳐 선생님은 고개를 저었어요.

“아닙니다. 다행히 할머니는 항생제를 드시지 않았어요. 감기에는 소용없다는 걸 아시더라고요. 여쭤 보니 전에 인간 아이랑 산 적이 있더군요. 아마도 그 애한테 옮은 게 아닌가 싶습니다. 요즘 우리나라 어린이 몸속에 황색 포도알 구균이라는 슈퍼 버그가 있는 경우가 흔하거든요.”

슈퍼 박테리아는 왜 생겨났을까?

항생제가 없던 100여 년 전만 해도 사소한 감염을 통해서도 인간은 쉽게 죽었어요. 그 와중에 항생제인 페니실린의 발견은 질병을 치료하는 데 큰 공헌을 했어요. 1928년 처음 개발된 페니실린은 인류를 세균의 공습으로부터 구원해 준 역사상 가장 강력한 무기였어요.

질병의 공포로부터 해방되자 인간의 수명은 크게 늘어났어요. 이러한 상황에서 병원에서는 박테리아 감염이 아닌 바이러스성 감염에서도 항생제를 처방하는 일이 늘어났어요. 게다가 항생제가 소, 닭, 돼지와 같은 식용 가축들을 살찌우는 데 도움을 준다는 것이 알려지면서 항생제들을 무분별하게 먹이는 경우가 많아졌어요.

항생제의 남용과 오용이 계속 이어지자, 박테리아가 이전에 없던 반응을 보이기 시작했답니다. 항생제의 공격을 받은 박테리아는 스스로 형태를 바꿔 항생제의 공격을 피하기도 하고, 항생제의 작용을 아예 없애 버릴 정도로 강력하게 변하기 시작한 거예요. 이것을 '슈퍼 박테리아(항생제 내성균)'이라고 부릅니다. 그러면서 슈퍼 박테리아는 계속 진화했어요. 앞으로 더욱 더 강력한 항생제 내성을 가진 슈퍼 박테리아들이 등장할 것이라고 예상하고 있어요.

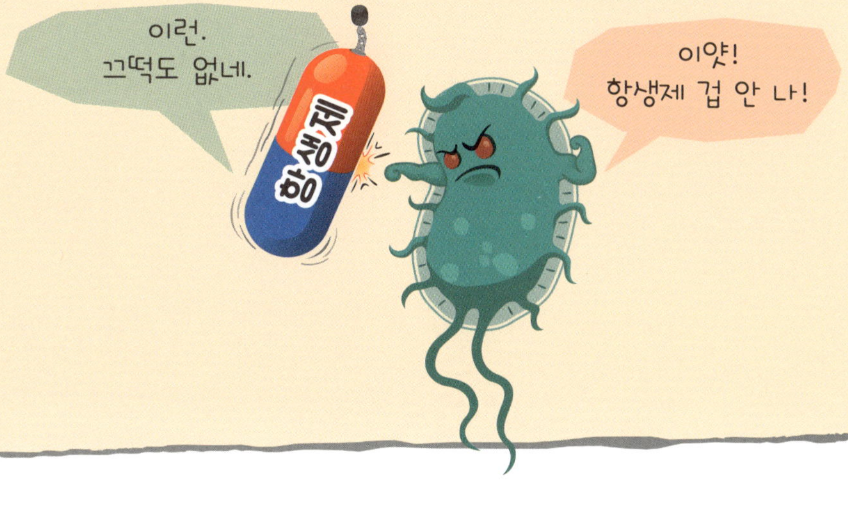

그리고는 걸음을 더욱 빨리 하며 외쳤어요.

"그럼 전 이만!"

잠시 후, 잘고쳐 선생님은 토끼 할머니 댁에 도착했어요. 황급히 할머니가 누워 계신 방문을 열고 들어가니 여우 아줌마가 할머니 이마에 차가운 물수건을 얹어 주고 있었어요.

"열이 몇 도나 됩니까?"

잘고쳐 선생님이 묻자, 여우 아줌마는 슬픈 얼굴로 말했어요.

"40.8℃라우. 선생이 준 약을 이미 먹였는데 전혀 듣질 않아. 피 속

잘고쳐 선생님의 **백신 노트**

사상 최대 거대 바이러스가 발견됐다!

2013년 과학잡지 〈사이언스〉에는 놀라운 사진이 표지를 장식했어요. 오스트레일리아의 호수에서 너무 커서 아무도 바이러스인 줄 몰랐던 거대 바이러스가 발견된 거예요. 과학자들은 이 바이러스의 이름을 '판도라'라고 붙였어요. 보통 바이러스에는 유전자가 하나씩 들어 있는데 판도라 바이러스에는 무려 1500개나 되는 유전자가 들어 있답니다. 게다가 그 유전자의 93%는 지구상에 생존해 있는 그 어떤 생물과도 일치하지 않아요. 고대에 멸종되었던 생물의 유전자가 고스란히 남아 있는 거지요.

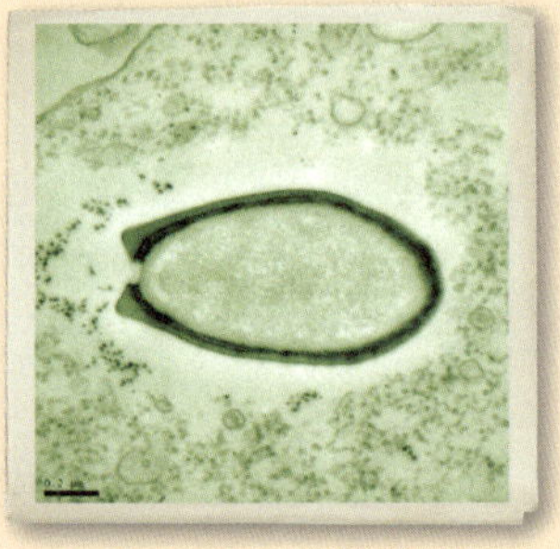
전자 현미경으로 관찰한 판도라 바이러스

에 있다는 슈퍼 버그가 기어코 못된 짓을 하나 봐."

"그렇다면 어쩔 수 없군요. 할머니를 모시고 큰 병원으로 가야겠습니다. 동료 의사들에게 물어보니 슈퍼 버그를 죽이는 슈퍼 항생제가 있다고 하니 그걸 쓰는 수밖에는 없을 것 같습니다."

"잘고쳐 선생. 그건 안 돼. 인간이 운영하는 병원에 갔다가는 우리 정체가 들통이 날 테니까."

"하지만 이대로 있다가는……."

잘고쳐 선생님은 차마 말을 잇지 못하고 고개를 푹 숙였어요.

그러고 있는데 토끼 할머니가 힘겹게 눈을 뜨더니 말했어요.

"잘고쳐 선생. 여우에게 변신술을 배워 인간인 척 하고 있지만 내가 원래 토끼인 건 진즉 눈치 챘지? 우리 토끼들은 보름달 빛을 받으면 면역력이 강해진다우. 근데 마침 오늘이 보름이네. 신께서 아직 날 받아줄 생각이 없으신가 봐."

그날 밤, 잘고쳐 선생님은 토끼 할머니를 안고 숲속 공터로 향했어요. 걱정이 됐는지 호랑이가 뒤를 따르며 애절하게 말했어요.

"할머니. 나아야 해요. 할머니가 만든 떡이 세상에서 가장 맛있단 말예요."

토끼 할머니는 흘흘흘, 웃었어요.

"에고, 네 녀석은 자나 깨나 떡 타령이구나."

이윽고 도착한 공터 위 하늘에는 커다란 보름달이 떠있었어요.

은은하게 내려쬐던 달빛이 내리쬐자 할머니는 숨을 크게 들이쉬더니 이내 아주 편안한 표정을 지었어요.

잘고쳐 선생님은 얼른 할머니의 머리를 짚어 보고는 열이 내렸음을 확인했어요.

'휴. 다행이다. 열이 내리지 않으면 억지로라도 도시 병원으로 모셔가려 했는데…….'

그러고 있는데 호랑이가 다가와 옆에 서더니 하늘을 올려다보며 중얼거렸어요.

"면역력이란 참 좋은 거구나. 덕분에 맛난 떡을 또 먹을 수 있게 됐어."

항생제가 슈퍼 박테리아의 원인?

충격 발견!
우리나라 어린이
몸속에서
슈퍼 박테리아가
발견됐대!

2015년 한 방송국에서
우리나라 어린이 20명을 대상으로 한 연구 결과

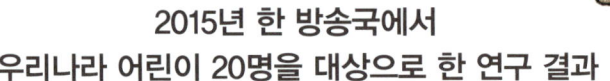

13명

항생제 내성균 발견

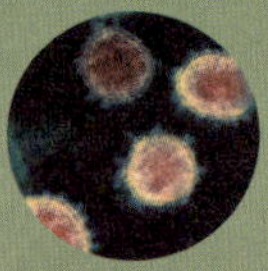

8명

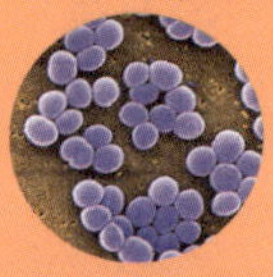

반코마이신 내성 황색 포도알균(VRSA) 발견

메티실린 내성 황색 포도알균(MRSA) 발견

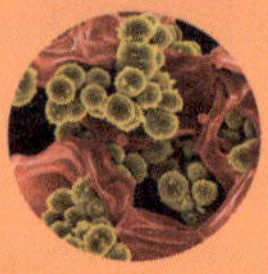

2명

항생제 감수성(병에 걸렸을 때 항생제를 사용해서 낫는 정도) 높음.

7명

경제 협력 개발 기구(OECD)
국가별 항생제 사용량

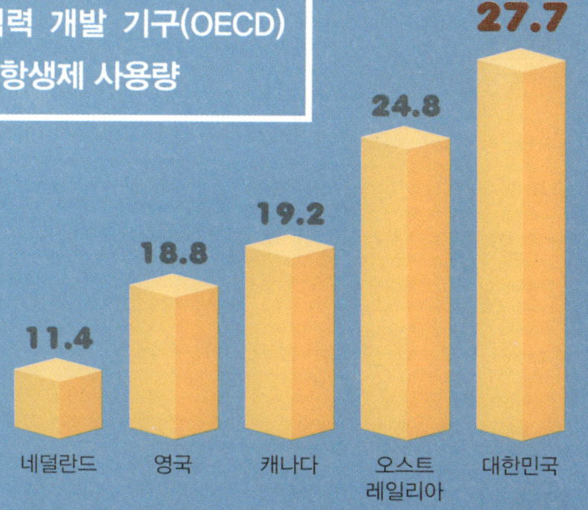

국민 1000명 중 매일 항생제를 복용하는 사람의 수예요.

우리나라 어린이들은
가벼운 상처에도 항생제
처방을 받는 경우가 많습니다.
그러다 보니
이런 결과가 나온 거죠.

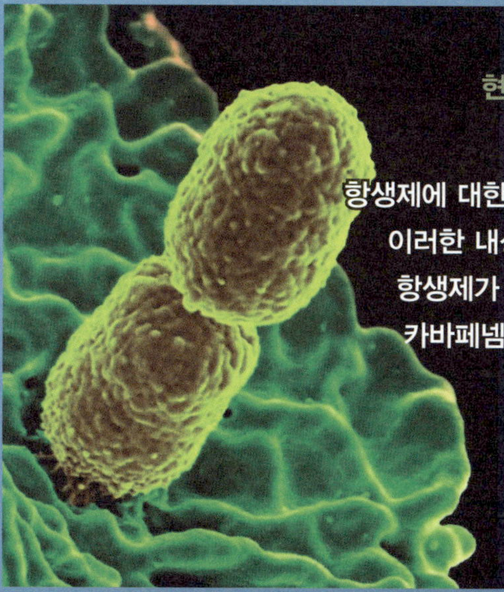

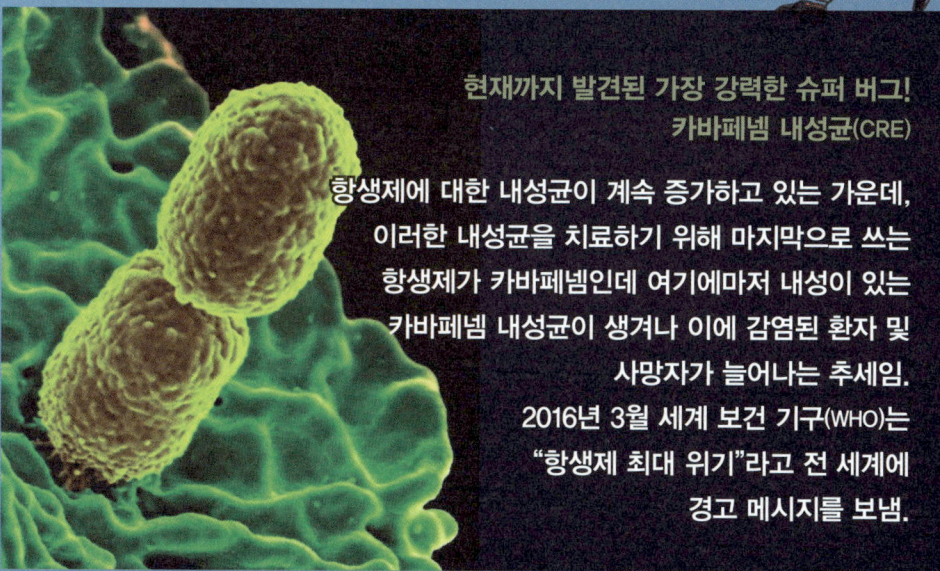

현재까지 발견된 가장 강력한 슈퍼 버그!
카바페넴 내성균(CRE)

항생제에 대한 내성균이 계속 증가하고 있는 가운데, 이러한 내성균을 치료하기 위해 마지막으로 쓰는 항생제가 카바페넴인데 여기에마저 내성이 있는 카바페넴 내성균이 생겨나 이에 감염된 환자 및 사망자가 늘어나는 추세임. 2016년 3월 세계 보건 기구(WHO)는 "항생제 최대 위기"라고 전 세계에 경고 메시지를 보냄.

면역력을 쑥쑥 높여 주는 슈퍼 푸드!

수많은 사람들이 면역력을 높이기 위해서라며 건강 기능 식품(영양제)을 섭취해요. 하지만 여기엔 이름 그대로의 영양소 딱 하나만 들어 있는 경우가 많아요. 반면 자연에서 자라나는 식재료를 가지고 만든 요리에는 영양소와 더불어 그 영양소를 좀 더 잘 흡수하도록 도와주는 물질이 잔뜩 들어 있답니다.
전 세계에서 가장 영향력 있는 잡지 중 하나인 미국의 시사 주간지 〈타임〉에서는 면역력을 쑥쑥 높이는 '10대 슈퍼 푸드'를 뽑아서 발표했어요.

블루베리
시력 보호 효과, 면역력 증진

귀리
심혈관계 질환 예방, 혈당지수 낮아 당뇨에 효과적

마늘
심혈관계 질환 예방, 면역력 증진

적포도주
암 발생 위험 감소,
심혈관계 질환 예방

토마토
심혈 관계 질환 예방,
고혈압 예방

시금치
동맥경화, 폐암 예방,
감기 예방 및 피로회복

브로콜리
암 발병 위험 감소,
면역력 증진

녹차
위암, 폐암 등 예방,
콜레스테롤 흡수

연어
골다공증 예방,
심혈관계 질환 예방

아몬드
알츠하이머병 예방,
지방 흡수 방해

토론왕 되기!

슈퍼 버그를 물리치려면 어떻게 해야 할까?

페니실린을 개발한 플레밍은 1945년 노벨 생리의학상을 받는 자리에서 이렇게 말했어요.

“페니실린을 너무 많이 사용하면 내성균이 나타날 수 있습니다.”

안타깝게도 그 경고를 주의 깊게 들은 의사는 없었어요. 이후 실제로 페니실린 내성균이 나타났고 연이어 발표된 항생제들 또한 모두 내성균이 빠르게 등장했어요. 미국 연방질병통제예방센터에서 2019년에 발표한 자료에 따르면 미국에서만 한 해 3만 5000명이 항생제 내성균과 슈퍼 박테리아로 인해 목숨을 잃어요.

경제학자 짐 오닐은 영국 공영 방송인 〈BBC〉와의 인터뷰에서 2050년이 되면 슈퍼 버그로 인해 3초에 1명꼴로 사망하게 될 것이라고 경고했답니다. 그리하여 수많은 사람들이 슈퍼 버그를 물리치기 위한 아이디어를 내놨어요!

아이디어 하나.

돼지나 소 같은 가축의 병을 줄이기 위해 쓰는 항생제 사용을 줄일 수 있도록 캠페인을 해야 해요!

아이디어 둘.

병원마다 슈퍼 버그 관리 간호사를 두는 건 어떨까요? 슈퍼 박테리아와 슈퍼 버그는 면역력이 약한 사람에게 옮기 쉽다 보니 특히 병원의 환자들이 주로 걸린다고 해요. 그러니 아예 전문 간호사를 두면 막아 낼 수 있을 거예요!

아이디어 셋.

자동으로 소독되는 문손잡이를 만들면 어떨까요? 아무리 손을 잘 씻어도 문손잡이가 오염되어 있다면 아무런 소용이 없으니까요.

아이디어 넷.

해마다 돼지 독감이랑 조류 독감을 막겠다고 엄청나게 많은 항생제를 놓는 대신 축사마다 돼지의 기침 소리를 분석하는 기침 모니터를 설치하면 어떨까요? 그러면 돼지 독감이 걸렸는지를 바로 알 수 있으니 항생제 사용을 줄일 수 있을 거예요.

*이 칸은 바로 여러분의 몫이에요!

아이디어 다섯.

미로 찾기

잘고쳐 선생님이 여우 아줌마의 문자 메시지를 받고 토끼 할머니네로 가야 해요. 약 이름이 쓰인 길을 잘 찾아 도착해 볼까요?

5장

호랑이처럼 강한 질병 방패

– 백신과 신약

면역력을 이용한 약, 백신

평소 드문드문 사람인 척하는 동물들이 찾아들던 보건소가 확 달라졌어요.

염소 할아버지에게서 시작된 감기 때문에 동물들이 죄다 앓던 그때, 잘고쳐 선생님이 쉬지 않고 돌아다니며 보살폈거든요.

게다가 토끼 할머니가 토끼인 걸 알면서도 겁내지 않고 직접 품에 안아 달빛을 쬐게 했다는 소식이 퍼지면서 다들 이젠 마음 놓고 잘고쳐 선생님을 만날 수 있게 된 거죠.

덕분에 아침부터 잘고쳐 선생님은 무척 바빴어요. 여기저기 산 깊숙한 곳에 집을 짓고 살던 동물들이 찾아와 저마다 아픈 곳을 내보이고 보

답이라며 제각각 정성 들여 만든 도토리묵이나 산나물 무침 같은 반찬을 건넸어요.

"보건소는 나라에서 운영하는 곳이니 이런 걸 주실 필요가 없습니다."

잘고쳐 선생님이 몇 번이나 이런 말을 하며 거절을 했지만, 그럴 때마다 동물들이 어찌나 서운한 표정을 짓는지 결국 받을 수밖에 없었지요.

"이거 혼자 먹기에는 너무 많은데……."

보건소가 문을 닫는 오후 6시, 잘고쳐 선생님은 책상 위에 산더미처럼 쌓인 음식을 내려다보며 고민에 빠졌어요. 그러고 있는데 갑자기 호랑이가 씩씩거리며 들이닥쳤어요.

"왜 그러십니까?"

잘고쳐 선생님이 깜짝 놀라 물었어요. 호랑이는 분이 솟구치는 듯 발을 쿵, 구르더니 말했어요.

"섬에 사는 소가 놀러왔는데 그 녀석 말이 면역력은 자기가 최고라잖아. 천연두라는 무서운 병을 퇴치한 것도 바로 소의 면역력 덕분이라면서 말이야."

그러더니 무척 억울하다는 표정을 지으며 잘고쳐 선생님의 어깨를 붙잡고 물었어요.

"거짓말이지? 호랑이 면역력이 최고지?"

잘고쳐 선생님은 너무 난감해 뺨을 긁적거렸어요.

"소의 천연두 균을 이용해 18세기 무렵 수십만 명을 죽음으로 몰아넣었던 천연두를 치료할 수 있는 백신을 만들었으니 틀린 말은 아닙니다."

"뭐라고! 대체 백신이 뭔데?"

"독소를 제거하거나 약하게 만든 바이러스를 몸속에 넣어 질병에 미리 대비할 수 있게 만드는 약을 백신이라고 부릅니다. 우리 몸속의 면역 세포에게 미리 바이러스를 알려 줘서 면역 방패를 만들어 두도록 돕는 거죠."

호랑이보다 강한 바이러스 방패, 백신

호랑이는 끙, 앓는 시늉을 했어요.

"소한테 지는 건 싫은데……."

그러더니 눈을 빛내며 외쳤어요.

"아무래도 내가 호랑이 백신을 만들어야겠어. 잘고쳐 선생. 백신은 어떻게 만들어?"

"음. 가장 먼저 질병이 걸리는 이유를 알아야 합니다. 예를 들어 독감을 일으키는 인플루엔자 바이러스의 경우 호흡기 세포에 붙어 수를 엄청나게 불리는데 이 때문에 고열과 기침, 인후통이 발생하게 되지요.

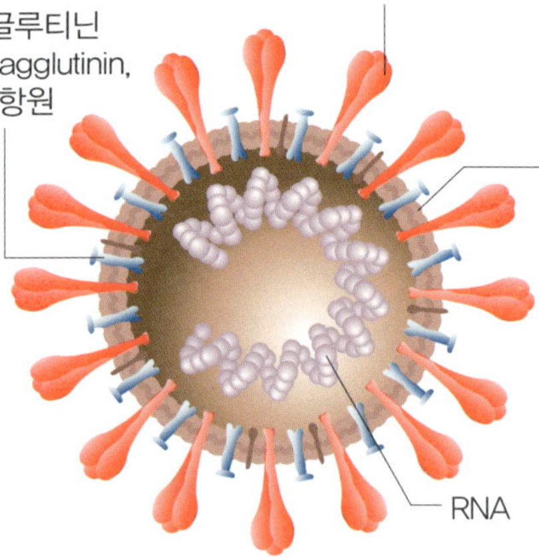

인플루엔자 바이러스의 구조

인플루엔자 바이러스 겉껍질에는 인체에 들어가 질병을 일으킬 수 있는 항원이 있어요. 따라서 인플루엔자 바이러스의 항원이 호흡기 세포에 달라붙지 못하게 한다면 독감은 나을 수 있어요. 이런 원리로 세 종류의 인플루엔자 백신이 탄생했죠."

"뭐야. 생각보다 쉽잖아!"

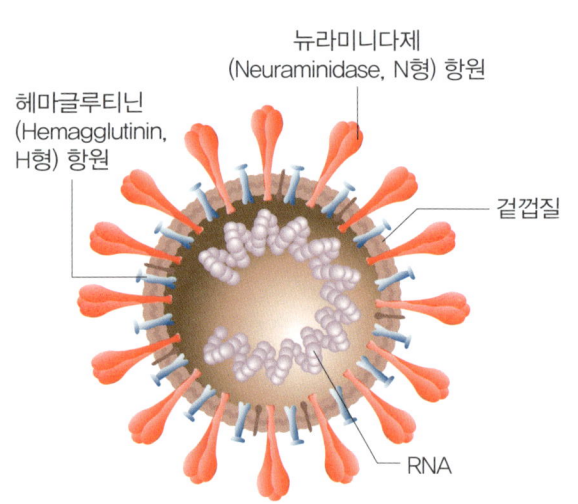

잘고쳐 선생님의 **백신 노트**

백신의 원리

독감이 매년 겨울마다 집중적으로 유행하는 이유는 수많은 조합의 인플루엔자 바이러스가 해마다 바뀌기 때문이에요. 그래서 독감 백신도 매번 바뀌어야 합니다. 우리 몸의 면역계가 백신 주사를 맞고 전투 태세를 갖추는 데에는 최소 2주가 걸린다고 해요. 그래서 독감이 유행이 시작되기 수 개월 전에 백신을 맞는 것이랍니다.

백신은 우리 면역계가 바이러스의 항원 물질을 미리 기억하도록 해서 바이러스에 감염됐을 때 바로 면역 반응을 일으켜 물리칠 수 있도록 도와줘요. 우리 몸의 면역계는 기억력이 좋아서 한번 감염된 적이 있는 바이러스는 기억했다가 같은 항원을 가진 바이러스가 다시 들어오면 바로 대응을 할 수 있어요. 이 원리를 이용해서 특정 항원을 가진 바이러스가 공격하기 전에 나의 면역계를 미리 훈련시키는 것이 바로 백신의 원리예요.

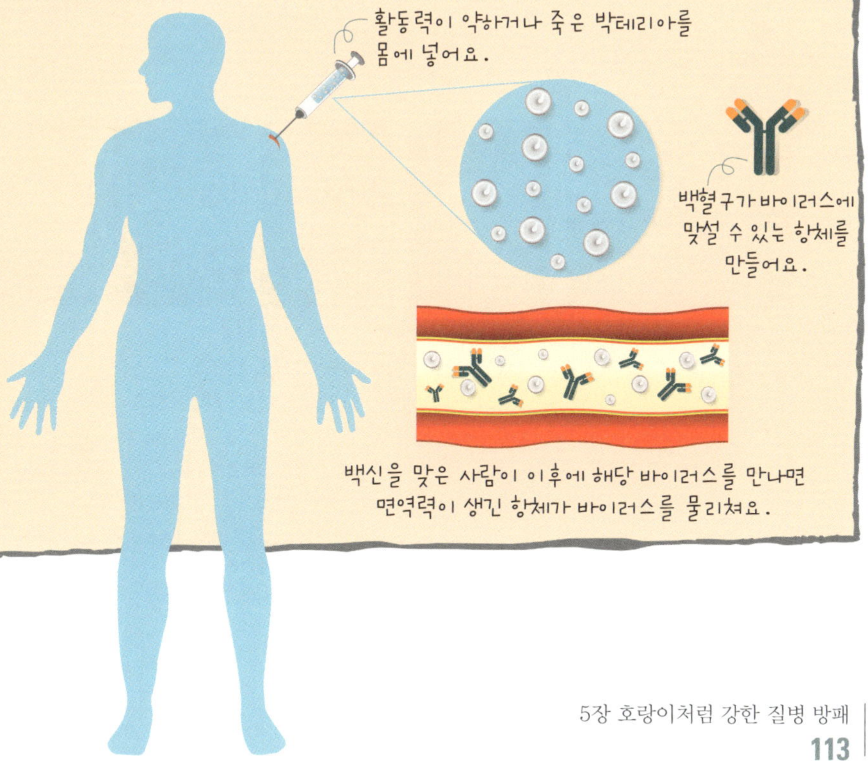

호랑이는 히죽거리며 혼잣말을 하더니 물었어요.

"그럼 생산은? 나 혼자서는 하나 밖에 못 만들잖아."

잘고쳐 선생님은 웃음이 터져 나올 것만 같아 입술을 앙 다물었어요.

'백신을 만드는 건 무척 어려운 일인데 이렇게 말하니 꼭 진짜로 호랑이 백신을 만들어 버릴 것만 같네.'

"응? 잘고쳐 선생. 왜 웃는 거야?"

호랑이가 눈을 가늘게 뜨며 물었어요. 잘고쳐 선생님은 얼른 웃음기를 지우고는 진지하게 말했어요.

"대부분의 백신은 완벽하게 살균된 유정란을 이용해 대량 생산을 합

잘고쳐 선생님의 백신 노트

백신이 만들어지는 과정

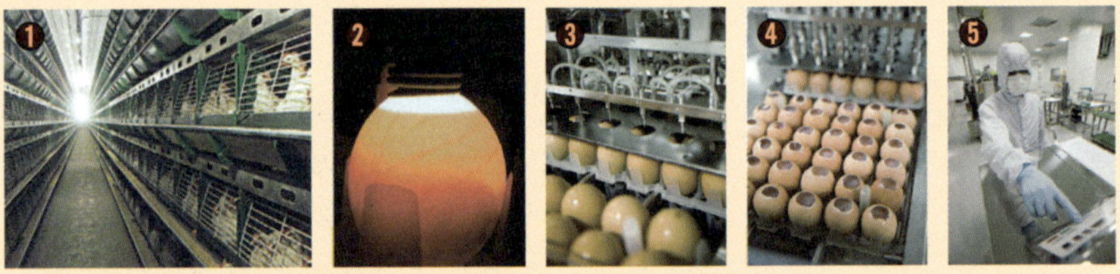

① 항생제나 백신을 맞은 적 없는 암탉의 유정란을 모아요.
② 백신 만들기에 적합한 유정란만 골라 10일 동안 부화시켜요.
③ 달걀 윗부분에 바이러스를 접종하고 3일간 부화시켜요. 유정란이 세포 분열을 할 때 바이러스도 양이 많이 늘어나요.
④ 3일이 지나면 달걀 윗부분을 절개한 뒤, 기계로 바이러스가 든 피를 뽑아내요.
⑤ 원심분리기를 이용해 바이러스 입자만 분리해서 백신으로 사용해요.

니다. 유정란이란 우리가 식품으로 먹는 무정란과는 달리 병아리가 될 수 있는 달걀을 뜻하죠."

"우웩! 달걀! 난 달걀 먹으면 온 몸이 가려운데."

"달걀 알레르기가 있나 보군요! 다행히 인간 세포를 실험실에서 배양한 뒤 직접 바이러스를 키우는 방법도 있습니다. 2016년 세계 최초로 우리나라 제약 회사에서 세포 배양 독감 백신인 '스카이 셀플루4가'를 만들어 냈죠."

"좋아! 그럼 이제 만들기만 하면 되겠네! 난 그만 가볼게."

호랑이의 힘찬 외침에 잘고쳐 선생님은 상에 쌓인 반찬을 건네며 말했어요.

"열심히 연구하시라고 드리는 겁니다."

호랑이는 무척 기뻐하며 소중히 받아 안고는 사라졌어요. 그리고 일주일이 흘러갔어요. 동물들의 발길이 뜸해진 오후, 토끼 할머니가 가래떡이 든 바구니를 들고 찾아왔어요.

"선생한테 뭔가 주고 싶은데 내가 할 줄 아는 게 떡뿐이거든."

잘고쳐 선생님은 호랑이가 맛있다고 침을 흘리던 바로 그 떡이라 무척 기대를 하며 입에 물었지요. 하지만 막 씹으려는 순간 호랑이가 보건소로 뛰어 들어오더니 온 힘을 다해 포효했어요.

"당장 이곳에서 떠나라! 잘고쳐 선생!"

잘고쳐 선생님은 깜짝 놀라 떡을 꿀꺽 삼키고는 물었어요.

"무슨 일로 그러시는 겁니까?"

호랑이가 씩씩대며 말했어요.

"백신을 개발하고 나면 효과가 있는지 없는지 동물한테 실험을 한다더라. 그게 법이라면서? 이 나쁜 인간들!"

"아, 임상 시험 말이군요. 1937년 미국의 유명 제약 회사에서 만든 '설파닐아미드'라는 진통제 물약 때문에 무려 100명이나 되는 사람들이 죽는 바람에 생겨난 법입니다. 다행히 요 근래 동물을 쓰지 않는 임상 시험 기술이 개발 중이죠."

잘고쳐 선생님이 조곤조곤 설명했어요. 호랑이가 멋쩍게 웃더니 머리를 긁적댔어요.

"아, 그랬어? 그거 다행이네."

옆에 있던 토끼 할머니가 혀를 끌끌 찼어요.

"욘석아. 자꾸 이러면 다신 떡 구경 못 할 줄 알어!"

호랑이가 기가 팍 죽은 듯 눈을 내리깔았어요. 잘고쳐 선생님은 피식 웃고는 호랑이에게 물었어요.

"호랑이 백신 이야기 좀 들려주세요. 개발은 잘 되어 가나요?"

잘고쳐 선생님의 **백신 노트**

동물 실험을 대신하는 장기 칩이 만들어졌다!

장기 칩이란 임상 시험에서 동물을 대신할 수 있는 바이오칩이랍니다. 치료를 해야 하는 장기의 세포를 배양한 뒤 그 특성을 바이오칩에 고스란히 옮겨 담아 모든 임상 시험에 쓰는 거지요. 세계 최초로 장기 칩을 개발한 미국 펜실베이니아 대학의 허동은 교수의 말에 따르면 널리 쓰이는 데 20년 정도가 걸릴 거라고 해요.

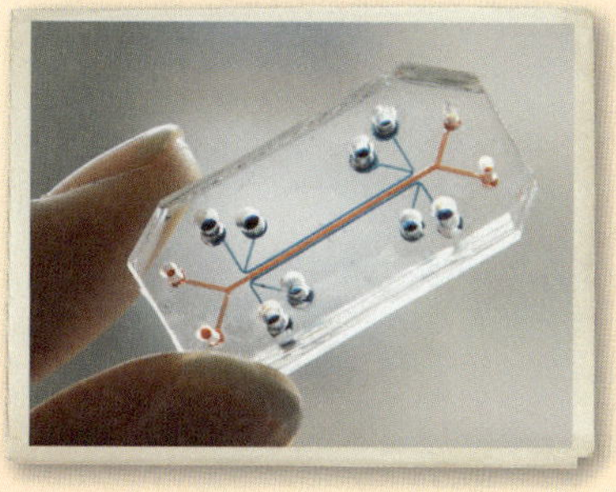
백신 개발에 쓰이는 바이오칩

호랑이는 어깨를 으쓱거렸어요.

“호랑이 백신답게 센 놈을 잡아야 하는데 어떤 바이러스를 잡을지 아직 못 정했어. 강력한 바이러스가 너무 많더라고.”

“다행히도 강력한 백신을 개발 중인 사람도 많습니다.”

잘고쳐 선생님은 그렇게 말하며 떡을 내밀었어요. 호랑이는 얼른 떡을 받아들더니 말했어요.

"흠. 그럼 나중에 호랑이 백신을 만들어야겠다. 내가 먼저 만들면 그 사람들이 하던 연구가 물거품이 되어 버리니까."

그러더니 한 입에 떡을 꿀꺽 삼키고는 물었어요.

"나 이렇게 착하니까 떡 열 개 먹어도 돼?"

보건소 밖으로 웃음소리가 터져 나왔어요. 두메산골 보건소의 하루가 그렇게 또 저물어 갔답니다.

토론왕 되기!

백신과 치료제의 차이점은 무엇일까?

최근에 신종 코로나바이러스가 일으킨 전염병인 코로나19가 전 세계적으로 유행하면서 수많은 사망자를 낳자, 사람들의 관심은 이를 치료하는 백신과 치료제에 쏠렸어요. 일부 사람들은 백신과 치료제라는 용어를 혼용해서 사용하기도 하는데, 백신과 치료제는 엄연히 다른 개념이에요. 어떤 차이점이 있을까요?

질병의 예방과 치료

우리 몸에 감염병을 일으키는 원인은 대부분 세균과 바이러스인 건 알고 있을 거예요. 백신은 바이러스에 감염되기 전에 미리 항체를 만들어 면역력을 키우는 '예방' 차원의 약물이고, 항바이러스제와 같은 치료제는 이미 바이러스에 감염된 이후 질병을 낫게 하는 '치료'를 위한 약물이에요.

세균으로 인한 감염병의 경우 페니실린처럼, 세균의 공통적인 특징을 이용해서 여러 질병에 널리 사용할 수 있는 항생제가 개발되어 있어요. 하지만 바이러스는 여러 바이러스를 죽일 수 있는 즉, 항생제처럼 범용적으로 사용할 수 있는 약은 아직까지 없어서 바이러스에 따라 치료 약물을 개발해야 해요. 게다가 바이러스는 인체나 동물의 숙주 세포에 들러붙어 DNA를 합성하고 변종을 일으키기 때문에 병원균 바이러스만 추출하여 제거하는 것이 어렵답니다.

백신과 치료제 개발 과정

원인을 알 수 없는 돌연변이를 일으키는 변종 바이러스 백신과 치료제를 개발하기 위해서는 먼저 해당 바이러스의 특성과 인체 감염 과정 등을 정확히 파악해야 해요. 그리고 최소 3단계의 임상 시험을 거쳐 적합성 및 안정성 등을 인정받아야 신약으로 사용할 수 있어요. 미국 바이오협회에 따르면 백신이든 치료제든 신약 개발이 최종 성공하는 비율은 9.6% 정도라고 해요. 사람에 대한 임상 시험은 상당히 오랜 시일이 걸리는데, 동물 시험 등에서 치료 효과를 보인 후보 물질들이 이러한 임상 시험 과정에서 탈락하는 경우가 대부분이기 때문이랍니다.

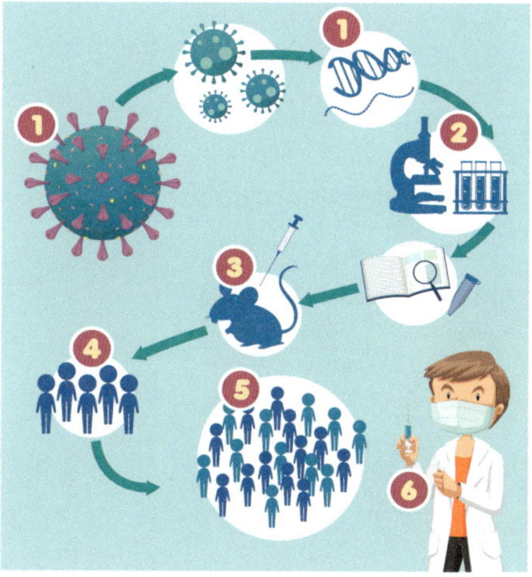

백신 개발 과정

❶ 바이러스에 대한 기초 연구
❷ 개발 후보 물질 선정
❸ 전임상 시험: 새로 개발한 신약 후보 물질을 동물에게 사용하여 부작용이나 독성, 효과 등을 시험
❹ 임상1상, 임상2상 시험: 임상1상은 건강한 사람 20~80명을 대상으로, 2상은 100~200명을 대상으로 약물을 안전하게 투여할 수 있는 용량과 부작용 등을 평가
❺ 임상3상 시험: 다수의 환자를 대상으로 한 약물의 유용성, 안정성 확인
❻ 신약 허가 및 시판

오늘날 치료가 어려운 변종 바이러스가 계속 증가하여 인류의 건강과 안전을 위협하고 있어요. 그렇다면 바이러스에 대한 면역력을 키우는 다양한 백신을 개발하여 예방 접종을 우선으로 해야 할까요? 아니면 새로운 바이러스가 계속 나타나는 만큼 치료제 개발에 힘을 써야 할까요?

초성 퀴즈

다음 질문에 알맞은 답을 써 보세요. 초성이 힌트!

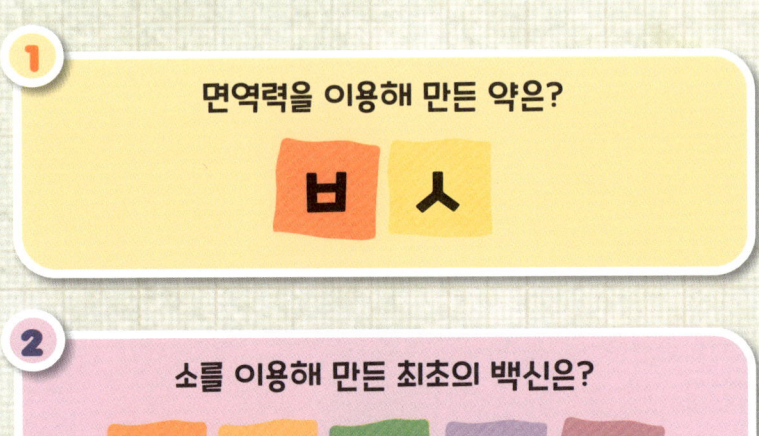

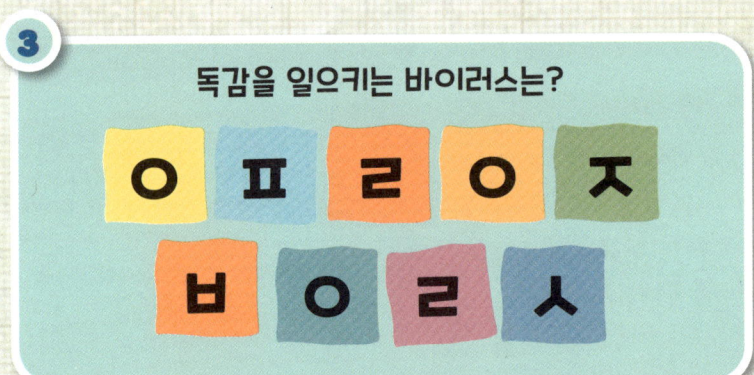

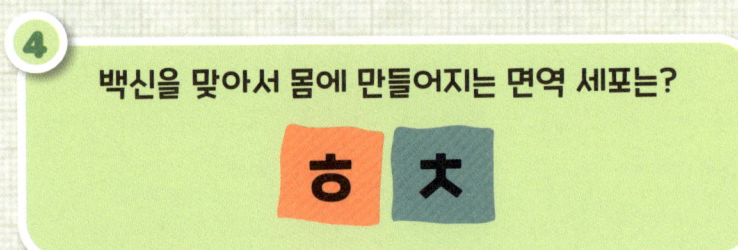

1 면역력을 이용해 만든 약은?

ㅂ ㅅ

2 소를 이용해 만든 최초의 백신은?

ㅊ ㅇ ㄷ ㅂ ㅅ

3 독감을 일으키는 바이러스는?

ㅇ ㅍ ㄹ ㅇ ㅈ

ㅂ ㅇ ㄹ ㅅ

4 백신을 맞아서 몸에 만들어지는 면역 세포는?

ㅎ ㅊ

정답

❶백신 ❷천연두 백신 ❸인플루엔자 바이러스 ❹항체

어려운 용어를 파헤치자!

말라리아 가장 오래된 감염병 중의 하나이며 말라리아모기를 통해 감염된다. 말라리아에 걸리면 춥고 열이 나며 어지럼증과 근육통의 증상이 나타나고 합병증이 생기기도 한다.

백신(Vaccines) 독성을 제거하거나 그 성질을 약화시킨 항원을 말하며, 질병에 걸리는 것을 예방하기 위해 이용된다. 최초의 백신은 천연두 백신으로, 1796년 에드워드 제너가 우두 예방 접종 환자를 통해 발견했다.

세균 생물체 가운데 가장 작은 것으로 맨눈으로 볼 수 없다. 하나의 세포로 이루어져 있으며, 식물보다 매우 단순한 구조의 생물이다. 종류가 매우 많고 공 모양이나 원통 모양 등 형태도 다양하다. 다른 생물의 몸에서 살아가고, 물, 공기 등의 우리 주변 어느 곳에나 있다. 세균은 죽은 동물과 낙엽 등을 작게 분해하여 자연으로 되돌리는 역할을 하며 김치, 된장처럼 우리가 먹는 발효 식품을 만드는 데 영향을 끼친다. 반면 사람을 비롯한 다른 생물에게 질병을 일으키고 음식 등을 상하게 만들기도 한다.

소화액 음식물의 소화를 돕기 위해 샘세포에서 나오는 액체로 침, 위액, 이자액, 쓸개즙, 장액 등이 있다. 사람의 소화 기관은 입, 식도, 위, 소장(작은창자), 대장(큰창자), 항문으로 연결되는 소화관과 간, 이자, 쓸개 등으로 이루어져 있다. 입, 위, 소장에는 소화샘이 연결되어 있어 음식물이 소화관을 지날 때 소화 효소가 포함된 소화액을 분비한다.

혈관 혈액이 흐르는 관. 동맥, 정맥, 모세 혈관으로 나눈다. 맥도, 핏줄이라고도 한다.

약과 백신 관련 사이트

대한감염학회 www.ksid.or.kr

감염병 연구 개발을 수행하는 대한감염학회 홈페이지예요. 감염 질환별 특징, 예방법, 코로나19 국내외 발생 현황 등에 관한 자료를 찾아볼 수 있어요.

질병관리청 www.kdca.go.kr

감염병으로부터 국민 보호 및 안전 사회 구현을 위해 조직된 정부 기관인 질병관리청의 홈페이지예요. 감염병 및 건강 정보 등에 관한 종합적 자료, 논문, 나라의 정책 정보 등을 찾아볼 수 있으며, 특히 코로나19의 발생 및 대처 현황을 상세하게 살펴볼 수 있어요.

식품의약품안전처 www.mfds.go.kr

우리나라의 식품과 의약품을 종합적으로 관리하는 정부 기관인 식품의약품안전처의 홈페이지예요. 식품이나 의약품에 관련된 법령 자료, 통계 정보 등을 찾아볼 수 있어요.

대한세포병리학회 www.cytopathol.or.kr

세포병리 의사, 세포병리사의 양성과 세계 각국의 세포병리 학자들과의 교류를 진행하는 대한세포병리학회의 홈페이지예요.

예방접종도우미 nip.kdca.go.kr

질병관리청 내 예방 접종에 관한 종합적인 정보를 모아서 알려주는 사이트예요. 예방 접종 관리 및 안전한 예방 접종 등에 관한 정보를 찾아볼 수 있어요.

신나는 토론을 위한 맞춤 가이드

인류가 아주 오랫동안 찾아 온 약과 백신에 대한 이야기를 재미있게 읽었나요? 바이러스 박사가 된 것 같다고요? 그 전에 마지막 단계인 토론을 잊지 마세요. 토론을 잘하려면 올바른 지식과 다양한 정보가 바탕이 되어야 해요. 책을 다 읽고 친구 또는 엄마와 함께 신나게 토론해 봐요!

잠깐! 토론과 토의는 뭐가 다르지?

토론과 토의는 모두 어떤 문제를 해결하기 위해 의견을 나누는 일입니다. 하지만 주제와 형식이 조금씩 달라요. 토의는 여러 사람의 다양한 의견을 한데 모아 협동하는 일이, 토론은 논리적인 근거로 상대방을 설득하는 일이 중요합니다. 토의는 누군가를 설득하거나 이겨야 하는 것이 아니기 때문에 서로 협력해서 생각의 폭을 넓히고 좋은 결정을 내릴 때 필요해요. 반면 토론은 한 문제를 놓고 찬성과 반대로 나뉘어 서로 대립하는 과정을 거치지요.
넓은 의미에서 토론은 토의까지 포함하는 경우가 많습니다. 토론과 토의 모두 논리적으로 생각 체계를 세우고, 사고력과 창의성을 높이는 데 도움을 준답니다.

토론의 올바른 자세

말하는 사람

❶ 자신의 말이 잘 전달되도록 또박또박 말해요.
❷ 바닥이나 책상을 보지 말고 앞을 보고 말해요.
❸ 상대방이 자신의 주장과 달라도 존중해 주어요.
❹ 주어진 시간에만 말을 해요.
❺ 할 말을 미리 간단히 적어 두면 좋아요.

듣는 사람

❶ 상대방에게 집중하면서 어떤 말을 하는지 열심히 들어요.
❷ 비스듬히 앉지 말고 단정한 자세를 해요.
❸ 상대방이 말하는 중간에 끼어들지 않아요.
❹ 다른 사람과 떠들거나 딴짓을 하지 않아요.
❺ 상대방의 말을 적으며 자기 생각과 비교해 봐요.

체계적으로 생각하기

가설을 세우고 답을 찾아봐요!

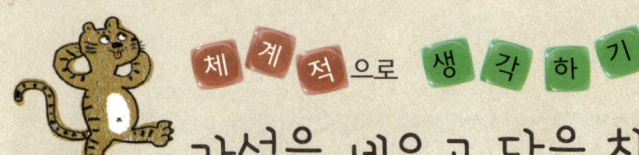

다음은 '소독'의 개념을 발견한 의사 제멜바이스의 7가지 가설 실험이에요. 제멜바이스는 아이를 낳은 뒤 산욕열이라는 병으로 죽는 산모 문제의 원인을 찾기 위해 가설을 세우고 실험을 해 보았어요. 잘 읽어 보고 여러분들도 스스로 문제를 만들고 가설 실험을 해 보세요..

7가지 가설

❶ 병동 환기구가 오래 돼서 나쁜 공기가 들어왔다.
❷ 산모의 수가 너무 많았다.
❸ 식사가 달랐다.
❹ 간호 방법이 달랐다.
❺ 의대 학생들이 아이를 받았다.
❻ 사제들이 공포감을 주었다.
❼ 아이를 낳을 때 자세가 달랐다.

해결

❶ 환기구를 고쳤다.
❷ 의사의 수를 늘렸다.
❸ 같은 식사를 주었다.
❹ 간호 방법을 똑같이 했다.
❺ 의대 학생을 뺐다.
❻ 사제들에게 의사 옷을 입혔다.
❼ 아이를 낳는 자세를 똑같이 했다.

결과

❺번. 의대 학생을 뺐더니 산모가 죽는 경우가 줄어들었다.
의대생은 수많은 환자와 시체를 만진다. 그러므로 눈에 보이지 않는 뭔가가 손과 수술 기구에 묻어 있는 것 같다.

내가 해 보는 가설 실험

문제

가설

해결

결과

답

논리적으로 말하기 1

공중화장실을 이용한 뒤에 손을 꼭 씻어야 하는 까닭은?

2020년대 초반을 강타한 코로나바이러스를 막기 위해서 수많은 지자체에서 공중화장실을 소독했고 화장실 이용 후 꼭 손 씻기 운동을 전개했어요. 그 이유에 대해 보도와 기사를 읽고 생각해 보세요.

앵커

"신종 코로나바이러스가 공중화장실 '변기'로 전염될 수 있다." 진짜 그런지 궁금해 하시는 분들이 많아서요. 한번 알아봤습니다.

기자

Q. 공중화장실 '변기' 통해 감염될까?

변기에 접촉한 것만으로는 감염 가능성이 거의 없다고 전문가들은 말합니다. 바이러스는 피부로 흡수될 가능성이 낮기 때문입니다. 공중화장실에서 감염된 사례는 아직 없습니다. 다만 바이러스가 묻은 손으로 눈을 비비거나 음식을 먹으면 위험할 수 있습니다. 공중화장실을 이용한 뒤, 손 씻기 같은 위생 수칙을 잘 지켜야 합니다.

JTBC 2020/02/11

변기 물이 내려갈 때 배설물이 하수구로 말끔히 휩쓸려 간 것 같지만 언제나 그렇듯, 그렇게 보일 뿐이다. 물이 뱅글뱅글 돌다가 내려가면서 윗부분에 거품과 포말이 얇은 막처럼 생겨나는데, 너무 가벼워 물 위의 공기 속으로 솟구쳐 오른다. 이 50억~100억 개의 미세한 물방울, 연무가 그리 위생적이지 않은 세균 바이러스를 품고 집안을 비행한다. 물을 한번 내릴 때마다 6만~50만 개의 병원성 물방울이 피어나서는 마를 때까지 11일 정도 꿋꿋이 살아남는다.

한겨레신문 2006/08/11

1. 공중화장실 이용 후 변기 뚜껑을 닦고 물을 내리고 그런 후 꼭 손을 씻어야 하는 이유에 대해 정리해 보세요.

2. 많은 학자들이 바이러스가 묻은 손을 통해 사람 사이에 전염이 이루어진다고 말해요. 그 이유에 대해 생각해 보세요.

논리적으로 말하기 2

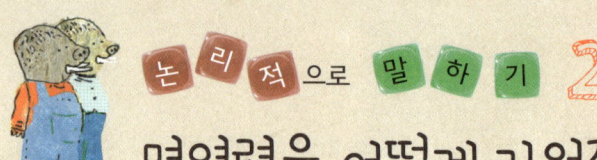

면역력은 어떻게 키워질까요?

꼭 질병 예방 백신을 맞아야만 바이러스를 이겨내는 면역력이 길러지는 걸까요? 아기들은 태어난 순간부터 공기 중에 떠도는 온갖 세균과 바이러스와 마주하게 되요. 그런데도 병에 걸리는 아기는 극히 드물어요. 어째서인지 아래 기사를 읽고 생각해 보세요.

미국 퍼듀 대학 연구진은 아기 로봇을 만들어 카펫에서 기어다니게 한 뒤 발생하는 먼지를 분석했다. 아기의 코와 입의 높이에서 측정된 먼지의 농도는 어른의 호흡기 부근에서 측정된 것보다 최대 20배까지 짙었다. 어른은 주로 코로 호흡하기 때문에 먼지의 대부분을 걸러 내지만, 영아들은 대개 입으로 숨을 쉬기 때문에 상당 부분을 폐부 깊숙이 들이마시게 된다.

그러나 걱정할 일만은 아니라는 게 연구진의 설명. 연구원 브랜든 부어는 "특정 박테리아나 곰팡이는 천식을 유발하기도 하지만, 면역력을 강화해 예방에 도움이 되는 양면성이 있다."고 지적했다. 영아기에 다양한 생물학적 물질에 노출되는 것이 면역 체계를 자극하고 강화하기 때문에 성장하면서 천식과 알레르기 질환에 걸릴 가능성을 오히려 낮추는 효과가 있다는 것.

코메디닷컴 2018/01/12

1. 아기들이 공기 중에 떠도는 세균이나 바이러스로 인한 병에 쉽게 걸리지 않는 이유에 대해 정리해 보세요.

2. 아기들은 자라는 내내 손에 든 물건들을 뭐든지 빨고 핥아대요. 그러는 과정을 통해 자연스럽게 면역력이 만들어진다고 하는데 어떤 원리로 가능한지 생각해 보세요.

창의력 키우기

내가 감염 관리 전문가라면 어떻게 할까?

항생제를 이기는 슈퍼 박테리아가 득실거리는데다 사람과 동물의 경계를 넘나들면서 발생한 신종 바이러스 때문에 감염병 관리를 철저하게 해야 한다는 목소리가 높아졌어요. 2020년 신종 코로나바이러스 사태를 겪으면서 다들 알게 되었다시피 관리를 제대로 못하면 아차 하는 순간 수많은 사람들에게 전파되기 때문이에요. 만약 여러분이 감염 관리 전문가라면 감염을 막기 위해 어떻게 해야 할지 적어 보세요.

예시 답안

가설을 세우고 답을 찾아봐요!

1. 실험 가이드: 단순한 문제에서 출발하자.

㉠ (문제) 공책이 사라졌다.

(가설) ①학교에 두고 왔다.

②가방에 들어 있다.

(해결) ①학교에서 들고 왔던 게 떠올랐다.

②가방을 살펴보았다.

(결과) 가방에 들어 있었다.

(답) 공책은 가방에 들어 있었다.

공중화장실을 이용한 뒤에 손을 꼭 씻어야 하는 까닭은?

1. 변기 물을 한번 내릴 때마다 6만~50만 개의 바이러스가 공중으로 퍼지는데다 심지어 11일 정도 꿋꿋이 살아남기 때문이다. 그러므로 화장실 손잡이부터 시작해 온갖 곳에 다 바이러스가 득실대므로 손 씻는 것은 필수다.
2. 우리는 손을 이용해 모든 것을 한다. 밥을 먹고, 머리도 빗고, 가방도 들고, 문도 연다. 그러다 보니 손에 묻은 세균이나 바이러스가 우리 몸 여기저기 묻는데다 여러 사람이 이용하는 손잡이 등에도 묻게 된다. 그 손잡이를 만진 사람이 그 손으로 입술을 닦으면 바로 전염된다.

면역력은 어떻게 키워질까요?

1. 아기들은 기어 다니고 지저분한 것을 만진 손을 빨면서 세균과 바이러스에 대한 저항력과 면역력을 키운다.
2. 아기들이 지저분한 것을 입에 넣는 행동을 하는 것은 마치 바이러스에 대한 면역을 키우기 위해 백신을 주사하는 것과 같은 원리다. 아기들의 몸속으로 들어온 세균이나 바이러스에 대해 아기 몸은 방어막을 만들고 훗날 그 세균이나 바이러스가 잔뜩 들어와 병을 일으키려고 할 때 맞서 싸운다.